财务会计综合实训

主　编　徐贵丽　亓玉芳
主　审　阎守常

山东大学出版社

图书在版编目(CIP)数据

财务会计综合实训/徐贵丽,亓玉芳主编.—济南:山东大学出版社,2011.7
(2017.5重印)
ISBN 978-7-5607-4329-5

Ⅰ.①财…
Ⅱ.①徐…②亓…
Ⅲ.①财务会计
Ⅳ.①F234.4

中国版本图书馆CIP数据核字(2011)第129261号

山东大学出版社出版发行
(山东省济南市山大南路20号　邮政编码:250100)
山 东 省 新 华 书 店 经 销
山东和平商务有限公司印刷
787×1092毫米　1/16　20.5印张　285千字
2011年7月第1版　2017年5月第2次印刷

定价:35.00元

前　言

2006年11月16日，教育部发布了《全面提高高等职业教育教学质量的若干意见》（教高[2006]16号），提出要积极推行订单培养，探索工学交替、任务驱动、项目导向、顶岗实习等有利于增强学生能力的教学模式；要积极与行业企业合作开发课程，建立突出职业能力培养的课程标准，建设融“教、学、做”为一体、强化学生能力培养的优质教材。

为适应高职院校教学模式改革的形势，我们山东英才学院经管学院会计教研室财务会计课程组在阎守常教授的带领下编写了这本体现“工学结合”的《财务会计综合实训》教材，作为《财务会计》这门会计专业核心专业课的配套教材使用，以方便教师的教学和学生的实训学习。

本教材共分三部分，第一部分以模仿企业注册开始，介绍了企业注册流程，各会计岗位的岗位职责，以给学生关于企业和具体会计岗位的一些感性认识；第二部分采用随教学进度而展开的与实际工作一致的全真能力分项实训操作资料，其中所有的原始凭证式样来自于对企业、银行、税务的实际调研，仿真性强。每一个工作任务与特定的岗位职业能力培养相结合，以便学生踏入社会后能适应职业岗位的需要；第三部分是近几年助理会计师的考试真题，随教学进度而分解成章节练习题，以便于学生在掌握知识的同时，顺利通过助理会计师的考试。

本教材具有以下特点：

1. 项目导向，任务驱动。以真实的工作目标作为项目，以完成项目的典型工作过程作为任务，以任务引领知识、技能和方法，让学生在完成工作任务中学习知识，训练技能，获得实现目标所需要的职业能力。

2. 内容适用，突出能力。根据高职毕业生就业岗位的实际情况，以会计岗位的各种主要业务为主线，以介绍工作流程中的各个程序和操作步骤为主要内容，围绕职业能力培养，注重内容的实用性和针对性，体现职业教育课程的本质特征。

3. 任务引入，学做合一。将每个项目分解为具体任务，打破长期以来理论和实践二元分离的局面，以任务为核心，便于在做中学、学中做，学做合一，实现理论与实践一体化教学。

4. 资源丰富，方便教学。本书的最后一部分，是各章节练习题，便于教师参考和学生练习。

本书是在山东英才学院经济管理学院院长阎守常教授的带领下，由会计教研室财务会计课程组集体编写而成的。具体分工如下，徐贵丽和亓玉芳两位老师共同编写了第一章,并负责全书的校对工作;徐贵丽老师编写了第二章的任务一、任务二、任务十一、任务十二;亓玉芳老师编写了任务三、任务四、任务五、任务六、任务七;黄毅老师编写了任务八;宋利华老师编写了任务九;赵娟老师编写了任务十。最后由阎守常教授对本书进行了审稿。

本书在编写过程中,赵植业教授、郭子亭教授、纪惠楼教授、初宜江教授提出了许多宝贵的意见;王敬美老师、丁延庆老师、赵琳老师、苏慧老师、陈丽娟老师、王琳老师、李梅老师、邹海钢老师也对本书提供了许多宝贵的资料。在此一并表示感谢。

另外,特别要感谢山东大学出版社徐国礼教授、米克荣教授对本书的出版所给予的大力支持。

由于时间仓促,编者水平有限,本教材难免有不足之处,请各位专家、老师和广大读者不吝指正,希望本教材能为财务会计课程的教学起到促进作用。

编　者

2011 年 6 月

目　录

第一章 概 论

学习目标：

1. 了解企业成立注册的流程；

2. 了解企业财务核算各工作岗位的职责。

第一节 模拟企业注册

注册公司的步骤如下：

1. 核名：到公司注册地所归属的工商局领取一张“企业（字号）名称预先核准申请表”，填写准备要注册的公司名称，由工商局检索是否有重名。如果没有重名，就会核发一张“企业（字号）名称预先核准通知书”，参见附件一。

2. 确定办公场地：可以去租办公场地，签订租房合同，如果有自己的厂房或者办公室，就不用租房了，提供产权证明即可，参见附件二。

3. 编写“公司章程”：在工商局网站下载“公司章程”的样本，在章程的最后由所有股东签名盖章，参见附件三。

4. 刻私章：需要的是法人私章（方形的），这个章也是盖在支票等重要票据上的个人名章。

5. 去银行开立公司验资户：带上公司章程、工商局核发的核名通知、法人代表的私章、股东的身份证明到银行去开立公司账户（验资账户，也称为临时存款账户，待验资完毕可转为基本存款账户）。开立好公司账户后，各个股东按出资额向公司账户中存入相应的货币资金，参见附件四。

6. 聘请会计师事务所进行验资，出具验资报告：联系一家会计师事务所，办理验资业务，出具验资报告，参见附件五。

7. 取得营业执照：到工商局领取公司设立登记的各种表格，包括设立登记申请表、股东（发起人）名单、董事经理监理情况、法人代表登记表、指定代表或委托代理人登记表。填好后，连同核名通知、公司章程、租房合同、房产证复印件、验资报告一起交给工商局，大概 3 个工作日后可领取执照，营业执照参见附件六。

8. 刻公章、财务章：凭营业执照，到公安局指定的刻章社，去刻公章、财务章。后面实训步骤中，均需要用到公章和财务章。

9. 办理企业组织机构代码证：凭营业执照到技术监督局办理组织机构代码证，参见附件七。

10. 去银行开立基本户：凭营业执照、组织机构代码证、公章、法人章，去银行开立基本存款账户，参见附件八。

11. 办理税务登记：在领取营业执照后 30 日内到当地税务局申请领取税务登记证，参见附件九。

12. 申请领购发票：办理税务登记后，就可以申购发票了。

附件一

企业名称预先核准通知书

（鲁）登记内名预核字[2007]第 1110 号

根据《企业名称登记管理规定》、《企业名称登记管理实施办法》等规定，同意预先核准下列 4 个投资人出资，注册资本（金）陆佰万元（人民币）整，住所设在山东省济南市高新区黄海路 568 号英美大厦，企业名称为：齐鲁小家电有限责任公司。

该预先核准的企业名称有效期自2007 年 7 月 31 日至2008 年 1 月 31 日。在名称保留的有效期内，不得从事经营活动，不得转让。

投资人、投资额和投资比例：

投资人	投资额	投资比例
山东英才有限责任公司	300 万元	50%
山东海洋有限责任公司	150 万元	25%
李长青	90 万元	15%
张　文	60 万元	10%

山东省工商局

2007 年 7 月 31 日

山东省工商局名称核准专用章

附件二

房屋租赁合同

出租方(以下简称甲方):济南市高新技术创业服务中心

承租方(以下简称乙方):齐鲁小家电有限责任公司

根据《中华人民共和国合同法》及相关法律法规的规定,甲、乙双方在平等、自愿的基础上,就甲方将房屋出租给乙方使用,乙方承租甲方房屋事宜,为明确双方权利义务,经协商一致,订立本合同。

第一条 该房屋属济南市高新技术创业服务中心所有,由甲方整体管理及出租,甲方保证所出租的房屋符合国家对租赁房屋的有关规定。

第二条 房屋的坐落、面积、装修、设施情况。

1. 甲方出租给乙方的房屋位于济南市高新区工业园黄海路568号。

2. 出租房屋面积共600平方米。

第三条 乙方应提供身份证明文件或营业执照复印件并填写《入驻企业信息采集表》交甲方备存。

第四条 租赁期限及用途。

1. 该房屋租赁期自2007年8月1日起至2017年7月31日止。

2. 乙方向甲方承诺,租赁该房屋仅用于科技项目研发、产品设计、生产及其相关用途。

3. 租赁期满,甲方有权收回出租房屋,乙方应如期交还。乙方如要求续租,则必须在租赁期满两个月之前书面或口头通知甲方,经甲方同意后,重新签订租赁合同,同等条件下乙方有优先权。

第五条 租金及支付方式。

1. 该房屋的租金(含房租、物业管理费)标准:每月租金为36000元。

2. 房屋租金支付方式如下:预交租金,一年一交,每年1月15日前将租金交甲方指定的单位财务,收款后甲方提供给乙方收款凭证。

第六条 房屋使用(略)。

………

第十四条 本合同自双方签(章)后生效。

第十五条 本合同及附件一式二份,由甲、乙双方各执一份。具有同等法律效力。

甲方:济南市高新技术创业服务中心
法定代表人或委托人:张瑞
签约时间:2007年7月31日

乙方:齐鲁小家电有限责任公司
法定代表人或委托人:王强
签约时间:2007年7月31日

附件三

齐鲁小家电有限责任公司公司章程

第一章　总　则

第一条　根据《中华人民共和国公司法》及其他有关法律规定，山东英才有限责任公司等（以下简称投资者）决定在山东省济南市英美大厦设立齐鲁小家电有限责任公司（以下简称公司），特订立本章程。

第二条　投资者名称（姓名）：

1. 山东英才有限责任公司
2. 山东海洋有限责任公司
3. 李长青
4. 张文

第三条　公司名称：齐鲁小家电有限责任公司。

公司地址：山东省济南市高新区工业园黄海路568号英美大厦。

第四条　公司为有限责任公司，投资者以其认缴的出资额为限对公司承担责任。

第五条　公司为中国企业法人，受中国法律管辖和保护，其一切活动必须遵守中国的法律、法令和有关条例规定，不损害中国的社会公共利益。公司是独立核算自负盈亏的经济实体，在批准的经营范围内，有权自主经营和管理，不受干涉。

第二章　宗旨、经营范围、方式及规模

第六条　经营宗旨：以人为本，诚信沟通。

第七条　公司的经营范围：以公司登记机关核定的经营范围为准。

第八条　公司的生产规模：年产值2000万元。

第三章　出资方式、出资额和出资时间

第九条　公司投资总额为人民币陆佰万元整，注册资本为人民币陆佰万元整。

第十条　出资方式：货币资金、实物、无形资产。

第十一条　公司的注册资本的缴付方式：投资者应当于营业执照颁发之日起6个月内一次缴清出资（若分期出资，投资者的第一次出资应于营业执照颁发之日起3个月内缴付各自认缴资本额的15%，其他部分于营业执照颁发之日起2年内全部到位，如为投资公司可以在5年内缴足。）投资者以货币出资的，应当将货币足额存入公司在银行开设的账户；以非货币财产出资的，应依法办理财产权的转移手续。

第十二条　公司注册资本的增加或减少，应当经审批机关批准，并向登记机关申请办理变更登记。

第四章　股　东

第十三条　股东的职权范围如下：

1. 决定公司的经营方针和投资计划；

2. 选举和更换非由职工代表担任的董事、监事，决定有关董事、监事的报酬事项；

3. 审议批准董事会的报告。

第五章　执行董事

第十四条　公司设执行董事一人，由股东推荐产生，任期二年(不超过三年)，任期届满可以连任。

第十五条　执行董事行使以下职权：执行董事是公司的法定代表人。

第十六条　公司设监事一名，监事由股东选举产生，监事任期三年，任期届满，连选可以连任。

第十七条　监事行使下列职权：

1. 检查公司财务；

……

第六章　期限、终止、清算

第二十条　公司经营期限为三年。自营业执照签发之日起计算。

第二十一条　公司如需延长经营期限，经股东作出决议，投资者应在期满前六个月，向审批机关提交书面申请，经批准后方能延长。

第二十二条　公司在下列情况下解散：

1. 公司章程规定的营业期限届满或者公司章程规定的其他解散事由出现；

2. 股东决议解散；

……

第二十三条　公司因前条第1、2、4、5项规定而解散的，应当在解散事由出现之日起十五日内成立清算组，开始清算。清算组由股东组成。

第二十四条　清算组在清算期间行使下列职权：

1. 清理公司财产，分别编制资产负债表和财产清单；

……

第七章　附　则(略)

齐鲁小家电有限责任公司全体股东

2007年7月31日

投资者签名盖章：

山东英才有限责任公司　李长青

山东海洋有限责任公司　张　文

附件四

银行询证函

编号：山东华验[2007]5689 号

中国工商银行高新支行 ：

本公司聘请的山东振鲁会计师事务所有限公司正在对本公司的注册资本实收（或注册资本、实收资本变更）情况进行审验。按照国家有关法规的规定和中国注册会计师审计准则的要求，应当询证本公司各股东向贵行缴存的出资额。下列数据及事项出自本单位账簿记录，如与贵行记录相符，请在本函下端"数据及事项证明无误"处签章证明；如有不符，请在"列明不符事项"处列明不符事项。有关询证费用可直接从本公司存款账户中收取。回函请直接寄至山东振鲁会计师事务所有限公司。

回函地址：济南泺源大街 819 号农信大厦 12A　　邮编：250012　　联系人：王艾庆

电话：0531－5361298　　传真：0531－3225880

截至 2007 年 8 月 10 日，本单位股东缴入的出资额列示如下：

缴款人	缴入日期	账户性质	银行账号	币种	金额（元）	款项用途	备注
山东英才有限责任公司	2007.8.1				1 500 000.00	投资	
山东海洋有限公司	2007.8.1				800 000.00	投资	
李长青	2007.8.5				900 000.00	投资	
合计金额（大写）	叁佰贰拾万元整						

法定代表人或委托代理人：（签名并盖章）王强印

2007 年 8 月 10 日

结论：1. 数据及事项证明无误 2007 年 8 月 10 日　　经办人：　　银行盖章：中国工商银行高新支行 2007年08月10日 转讫
2. 如果不符，请列明不符事项 2007 年 8 月 10 日　　经办人：　　银行盖章：

附件五

验资报告

齐鲁小家电有限责任公司(筹)：

我们接受委托，对拟设立齐鲁小家电有限责任公司(以下简称“贵公司”)，截至2007年8月15日实收资本及相关的资产和负债的真实性和合法性进行了审验。在审验过程中，我们根据《中国注册会计师审计准则——验资》的要求，实施了必要的审验程序。贵公司的责任是向我们提供真实、合法、完整的验资资料，保护资产的安全、完整，我们的责任是按照《中国注册会计师审计准则——验资》的要求，出具真实、合法的验资报告。

贵公司申请的注册资本为600万元。根据我们的审验，截至2007年8月15日，贵公司已收到其股东投入的资本(大写)陆佰万元整(￥6 000 000)。

附件(一)投入资本明细表(略)

附件(二)验资事项说明(略)

山东振鲁会计师事务所(盖章)　　　　中国注册会计师(签字盖章)：张浩然

中国注册会计师(签字盖章)：徐晓桐

2007年8月18日

附件六

企业法人营业执照

注册号　370603001112228

名　　称： 齐鲁小家电有限责任公司

住　　所： 山东济南市高新区黄海路568号英美大厦

法定代表人姓名：王强　　**注册资本：**陆佰万元

公司类型：有限责任公司　　**实收资本：**陆佰万元

经营范围 小型家电及炊具的制造、销售；兼营厨房用具、不锈钢制品批发、零售

二〇〇七年八月二十日

成立日期：二〇〇七年八月二十日

营业期限：二〇〇七年八月二十日至二〇一七年八月二十日

企业法人营业执照
（副本）

注册号 370603001112228

名称：齐鲁小家电有限责任公司

住所：济南市高新区黄海路568号英美大厦

企业法人代表姓名：王强

注册资本：陆佰万元

实收资本：陆佰万元

公司类型：有限责任公司

经营范围：小型家电及炊具的制造、销售；兼营厨房用具、不锈钢制品批发、零售

成立日期：二〇〇七年八月二十日

说 明

1.《企业法人营业执照》是企业取得企业法人资格和合法经营的凭证。

2.《企业法人营业执照》分正本和副本，正本和副本具有同等法律效力。

3. 营业执照不得伪造、涂改、出租、出借、转让。除登记机关外，其他任何单位及个人不得扣留、收缴和吊销。

4.……

5.……

6. 每年1月1日至4月30日，登记机关对企业法人进行年度检查。

企业法人年检情况

每年3月15日前报年检资料，不再另行通知。

济南市工商行政管理局

二〇〇七年八月二十日

附件七

中华人民共和国
组织机构代码证
代码：**37100474－4**

9 787500 653882

机构名称：齐鲁小家电有限责任公司

机构类型：企业法人

地 址：济南市高新区黄海路568号英美大厦

有效期：2007年8月20日至2017年8月20日

颁发单位：济南市技术监督局

登记号：组代管53010－052156

说 明

1. 中华人民共和国组织机构代码证是组织机构在中华人民共和国境内唯一的，始终不变的法定代码标识。分正本和副本。
2. 《中华人民共和国组织机构代码证》不得伪造、涂改、出租、出借、转让、编造、非法买卖等。
3. ……
4. 各组织机构应当按照有关规定，接受发证机关的年度检查。
5. 组织机构依法注销、撤销时应向原发证机关登记机关办理注销登记，并交回全部代码。

中华人民共和国
国家质量监督检验总局签章

年检记录

NO. 2C0604594567

附件八

开户许可证

核准号：37010512345678　　　　编号：0088

经审核，齐鲁小家电有限责任公司符合开户条件，准予开立基本存款账户。

法定代表人（单位负责人）：王强，开户银行：中国工商银行高新支行，账号16030058363803366

发证机关（盖章）

二〇〇七年八月二十日

附件九(地税略)

税务登记证

鲁税国字 370603001112228 号

纳税人名称:齐鲁小家电有限责任公司

法定代表人(负责人):王强

地址:济南市高新区黄海路 568 号英美大厦

登记注册类型:有限责任公司

经营范围:小型家电及炊具的制造、销售;兼营厨房用具、不锈钢制品批发、零售

批注设立机关:山东省济南市工商局

扣缴义务:依法确定

山东省国家税务局

发证税务机关

2007 年 8 月 20 日

税务登记证
(副本)

鲁税国字 370603001112228 号

纳税人名称:齐鲁小家电有限责任公司

法定代表人(负责人):王强

地址:济南市高新区黄海路 568 号英美大厦

登记注册类型:有限责任公司

经营范围:小型家电及炊具的制造、销售;兼营厨房用具,不锈钢制品批发零售。

批注设立机关:山东省济南市工商局

扣缴义务:依法确定

山东省国家税务局

发证税务机关

2007 年 8 月 20 日

国家税务总局监制

总机构情况 (由分支机构填写)	
名称	
纳税人识别号	
地　址	
经营范围	
总支机构情况 (由总机构填写)	
名称 地址	
名称 地址	
名称 地址	
名称 地址	

第二节 企业基本情况

一、企业基本信息

1. 企业名称:齐鲁小家电有限责任公司
2. 法人代表:王强
3. 开户银行:中国工商银行高新支行 行号 3703
4. 账号:16030058363803366
5. 联系电话:0531—88262626
6. 地址:山东济南市高新区黄海路 568 号英美大厦
7. 邮编:250314
8. 纳税人登记号:370603001112228
9. 纳税人识别:一般纳税人
10. 经营范围:小型家电及炊具的制造、销售;兼营厨房用具、不锈钢制品批发、零售。
11. 主要产品介绍:3.0 型号营养煲。4.0 型号营养煲,具体实训中为了核算方便简称为丙产品与丁产品。所需材料简称为甲材料与乙材料。

二、公司组织结构

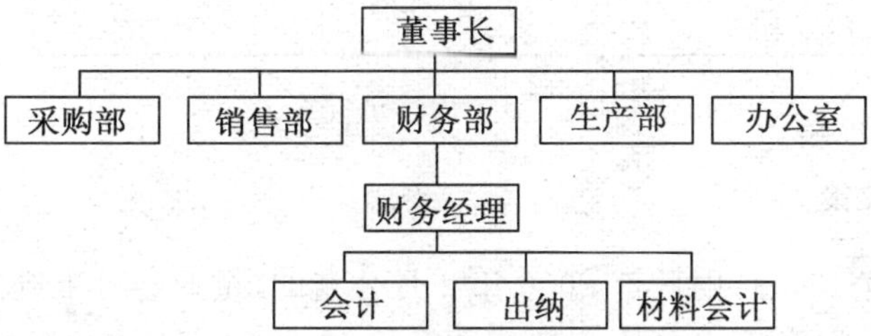

部门名称	部门属性	负责人
办公室	管理(含人事管理)	王梅
财务部	管理	赵一
采购部	管理	李刚
生产部	管理	曹国栋
销售部	管理	孙方义

员工名单

董事长	王强	一车间		二车间	
总经理	李长青	生产工人	黄易	生产工人	施乙
办公室主任	王梅	生产工人	程方	生产工人	杨齐
财务部经理	赵一	生产工人	朱琳	生产工人	陈王涛
采购部经理	李刚	生产工人	何璐	生产工人	李炳贵
生产部经理	曹国栋	生产工人	王辉	生产工人	叶晨
销售部经理	孙方义	生产工人	张瑶	生产工人	潘华
办公室内勤	刘芳	生产工人	丁烯	生产工人	邵兵
会计	张力	生产工人	李俊	生产工人	徐杰
出纳	丁琳	生产工人	杨红	生产工人	余暇
采购部	张云飞	生产工人	史昂	生产工人	郭婷
采购部	马云杨			生产工人	陈顺
销售部	陈兵			生产工人	吴建丽
销售部	林江			生产工人	张晓伟
销售部	徐航			生产工人	于鹏
仓管	张立			生产工人	朱东
检验	路宏				

三、基本会计政策

1. 会计制度：公司执行财政部 2006 年 2 月公布的《企业会计准则》。

2. 会计年度：会计年度自公历 1 月 1 日起至 12 月 31 日止。

3. 记账本位币：人民币。

4. 财务报表的编制基础：公司财务报表以持续经营为编制基础。

5. 会计计量属性：财务报表项目以历史成本计量为主。

6. 坏账准备的计提：应收款项按年末应收款项余额的 5‰计提坏账准备。

7. 固定资产折旧方法：平均年限法。

8. 无形资产摊销方法：使用寿命确定的无形资产按直线法摊销，使用寿命不确定的无形资产不摊销，期末对无形资产进行减值测试。

9. 存货的核算：存货按照实际成本进行初始计量，发出存货采用月末一次加权平均法，周转材料按一次摊销法进行摊销。

10. 应付职工薪酬的计算：生产工人工资暂采用计时工资。

11. 制造费用的核算：当月归集的制造费用，按产品实际工时数的比例分配。

12. 盈余公积提取比例：法定盈余公积提取比例为 10%。

四、主要银行结算方式

支票、银行汇票、商业汇票、委托收款、网银。

五、企业如何建账

（一）一般性的考虑

任何企业在成立初始阶段，都面临建账问题。那到底什么是建账呢？就是根据企业所在行业的具体要求和将来可能发生的会计业务情况，购置所需要的账簿，然后根据企业日常发生的业务情况和会计处理程序登记账簿。这看似是一个非常简单的问题，但建账过程可以看出一个人处理会计业务的能力，以及对企业的熟悉情况，所以要了解企业如何建账。无论何类企业，在建账时都要考虑如下问题：

1. 与企业相适应。企业规模与业务量是成正比的，规模大的企业，业务量大，分工也复杂，会计账簿需要的册数也多。企业规模小，业务量也小，有的企业，一个会计可以处理所有经济业务，设置账簿时就没有必要设许多账，所有的明细账可以合成一、两本就可以了。

2. 依据企业管理需要。建立账簿是为了满足企业管理需要，为管理提供有用的会计信息，所以在建账时以满足管理需要为前提，避免重复设账、记账。

3. 依据账务处理程序。企业业务量大小不同，所采用的账务处理程序也不同。企业一旦选择了账务处理程序，也就选择了账簿的设置，如果企业采用的是记账凭证账务处理程序，企业的总账就要根据记账凭证序时登记，这时就需要准备一本序时登记的总账。

总之，不同的企业在建账时所需要购置的账簿是不相同的，要依企业规模、经济业务的繁简程度、会计人员多少，采用的核算形式及电子化程度来确定。但无论何种企业，都存在货币资金核算问题，现金日记账和银行存款日记账都必须设置，另外还需设置相关的总账和明细账。所以，当一个企业刚成立时，一定要购买这几种账簿，需说明的是明细账有许多账页格式，要选择好你所需要的格式的账页，如借贷余三栏式、多栏式、数量金额式等，然后根据明细账的多少选择所需要的封面和装订明细账用的账钉或线。另外建账初始，必须要购置的还有记账凭证（如果该企业现金收付业务较多，在选择时就可以购买收款凭证、付款凭证、转账凭证；如果企业收付业务量较少购买记账凭证也可以）、记账凭证封面、记账凭证汇总表、记账凭证装订线、装订工具。为报表方便还应购买空白资产负债表、利润表（损益表）、现金流量表等相关会计报表。

（二）工业企业如何建账

工业企业是指那些专门从事产品的制造、加工、生产的企业，所以工业企业也被称为“制造业”。工业企业由于会计核算涉及内容多，又有成本归集与计算问题，所以工业企业建账是最复杂的、也是最具有代表意义的。

1. 现金日记账和银行存款日记账

现金日记账和银行存款日记账这两种账簿是企业必须具备的。会计人员在购买时，两种账本各购一本足矣。但企业开立了两个以上的银行存款账号，那么账本需要量就要视企业具体情况确定了。如若使用完毕，再购入新账本也不为迟。

首先根据账簿的启用要求将扉页要求填制的内容填好，根据企业第一笔现金来源和银行存款来源登记入现金日记账和银行存款日记账。

例如，企业采用根据收付款凭证登记现金日记账、银行存款日记账，某投资人转入企业银行存款账中10万元，则可根据银行转来的银行收款凭证做企业银行存款收款凭证：

借：银行存款 100 000

　　贷：实收资本 100 000

然后根据该收款凭证登银行存款日记账，如果企业需要有日常现金支出，例如会计人员开出现金支票提取现金2 000元，则根据现金支票存根联做银行存款的付款凭证：

借：库存现金 2 000

　　贷：银行存款 2 000

然后根据该付款凭证登记现金日记账和银行存款日记账。以后即可根据日常现金及银行存款业务逐日逐笔登记现金日记账和银行存款日记账就可以了。

2. 总分类账

企业可根据业务量的多少购买一本或几本总分类账（一般情况下是无需一个科目设一本总账），然后根据企业涉及到的业务和涉及到的会计科目设置总账。原则上讲，只要是企业涉及到的会计科目就要有相应的总账账簿（账页）与之对应。会计人员应估计每一种业务的业务量大小，将每一种业务用口取纸分开，并在口取纸上写明每一种业务的会计科目名称，以便在登记时能够及时找到应登记的账页，在将总账分页使用时，假如总账账页从第1页到第10页登记库存现金业务，我们就会在目录中写清楚“库存现金……1～10”，并且在总账账页的第一页贴上口取纸，口取纸上写清楚“库存现金”；第11～20页为银行存款业务，我们就在目录中写清楚“银行存款……11～12”并且在总账账页的第11页贴上写有“银行存款”的口取纸，依此类推，总账就建好了。

为了登记总账的方便，在总账账页分页使用时，最好按资产、负债、所有者权益、收入、费用的顺序来分页，在口取纸选择上也可将资产、负债、所有者权益、收入、费用按不同颜色区分开，以便于登记。

3. 明细分类账

在企业里，明细分类账的设置是根据企业自身管理需要和外界各部门对企业信息资料需要来设置的。日常根据原始凭证、汇总原始凭证及记账凭证登记各种明细账。明细账无论按怎样的分类方法，各个账户明细账的期末余额之和应与其总账的期末余额相等。

4. 其他问题

因工业企业的成本计算比较复杂，所以在企业建账时，为了便于凭证的编制，要设计一些计算用表格，如：材料费用分配表、领料单、工资费用计算表、折旧费用分配表、废品损失计算表、辅助生产费用分配表、产品成本计算单等。

（三）商品流通企业如何建账

商品流通企业是指从事商品流通（买卖）的独立核算企业。主要包括：商业、供销合作社、粮食、外贸、物资供销、图书发行等企业。如商场、大中小型超市、粮店等等。因商品流通企业的经济活动主要是流通领域中的购销存活动，所以这类企业的核算主要侧重于采购成本和销售成本的核算及商品流通费用的核算。该类企业账簿的建立主要也分为三个方面。

1. 现金日记账及银行存款日记账：商品流通企业的现金日记账及银行存款日记账的建立方式与工业企业是相同的。

2. 总分类账簿：商品流通企业的总分类账同工业企业。

3. 明细分类账的设置。

根据增设的总账账簿，还应增设相关明细账簿，如商品采购明细账，反映购进商品的进价成本及入库商品的实际成本，商品采购明细账可按客户名称设置；库存商品明细账，反映商品的收发结存情况，可按商品的种类、名称、规格和存放地点设置，要求采用数量金额核算法。在按实际成本计算已销商品成本时，库存商品的发出可按个别计价法(分批实际成本计价)、加权平均法、移动加权平均法、先进先出法、进销差价法和毛利法。如果企业是商品零售企业，还需设置"商品进销差价"明细账，该账户因是"库存商品"的调整账户，所以它的明细账的设置口径应与"库存商品"明细账一致。"经营费用"作为反映商品流转整个经营环节所发生的各种费用，应按费用的种类，如运输费、装卸费、整理费、广告费等分类反映。"商品销售收入"、"商品销售成本"明细账可以按商品的种类、名称、规格或不同的销售部门设置。商品流通企业明细账的设置，除了上述明细账外，其余与工业企业明细账的设置相同。

4. 其他问题

因商品流通企业存在有较之服务业不同的成本计算问题，所以为了便于成本计算需要外购或自制许多计算用表格，如已销商品进销差价计算表、商品盘存汇总表、毛利率计算表等。所以在建账时也要有所准备，否则到月末结账时会手忙脚乱。

第三节 会计岗位职责

工业企业会计人员的岗位，一般分为：会计主管、出纳、流动资金核算、固定资产核算、存货核算、工资核算、成本核算、利润核算、往来结算、总账报表、纳税申报、稽核、综合分析。这些岗位，可以一人一岗、一人多岗或一岗多人。各个岗位的职责内容和要求如下：

一、会计主管岗位

1. 具体领导本单位的财务会计工作；

2. 组织制定本单位的各项财务会计制度，并督促贯彻执行；

3. 组织编制本单位的财务成本计划、银行借款计划，并组织实施；

4. 会同有关部门组织固定资产和流动资产的核定工作；

5. 负责完成各项上交任务；

6. 开展财务成本计划完成情况的分析，提高经济效益；

7. 参加生产经营管理会议，参与经营决策；

8. 审查或参与拟定经济合同、协议及其他经济文件；

9. 负责向本单位领导和职工代表大会报告财务状况和经营成果，审查对外提供的会计资料；

10. 组织会计人员学习政治理论和业务技术，负责会计人员的考核，参与研究会计人员的任用和调配。

二、出纳岗位

1. 办理现金收付和银行结算业务；
2. 登记现金和银行存款日记账；
3. 保管库存现金和各种有价证券；
4. 保管有关印章、空白收据和空白支票。

三、流动资金核算岗位

1. 拟订流动资金管理与核算实施办法；
2. 会同有关部门核定流动资金定额；
3. 编制流动资金计划和银行借款计划；
4. 负责流动资金调度，组织流动资金供应，考核流动资金使用效果；
5. 上交各种款项；
6. 负责流动资金核算，编制流动资金报表；
7. 办理有关流动资金的报批手续。

四、固定资产核算岗位

1. 按制度规定，结合固定资产的配置情况，会同有关职能部门，建立健全固定资产的管理与核算办法，并依照企业经营管理的要求，制定固定资产目录；

2. 依照制度规定，设置固定资产登记簿，组织填补固定资产卡片，按固定资产类别、使用部门和每项固定资产进行明细核算；

3. 按取得固定资产的不同来源，正确计算和确定固定资产的原始价值，及时计价入账；对已入账的固定资产，除发生有明确规定的情况外，不得任意变动；

4. 会同有关职能部门完善固定资产管理的基础工作，建立严格的固定资产明细核算凭证传递手续，选择确定固定资产折旧方法，及时提取折旧；掌握固定资产折旧范围，做到不错、不漏固定资产增减的日常核算与监督；

5. 对被清理的固定资产，要分别按有偿转让、报废、毁损等不同情况进行账务处理；

6. 会同有关部门定期组织固定资产清查盘点工作，汇总清查盘点结果，发现问题，查明原因，及时妥善处理；并按规定的报批程序，办理固定资产盘盈、盘亏的审批手续，经批准后办理转销的账务处理；

7. 经常了解主要固定资产的使用情况，运用有关核算资料分析固定资产的利用效果，改善固定资产的管理工作，并向企业提供有价值的会计信息或建议。

五、存货核算岗位

1. 材料物资核算岗位职责一般包括：

(1)会同有关部门拟定材料物资的核算与管理办法；

(2)审查汇编材料物资的采购资金计划；

(3)负责材料物资的明细核算；

(4)会同有关部门编制材料物资计划成本目录；

(5)配合有关部门制定材料物资消耗定额；

(6)参与材料物资的清查盘点。

2. 库存商品核算岗位的职责一般包括：

(1)负责库存商品的明细分类核算；

(2)会同有关部门编制库存商品计划成本目录；

(3)配合有关部门制定库存商品的最低、最高限额；

(4)参与库存商品的清查盘点。

六、应付职工薪酬核算岗位

1. 认真学习掌握财经方针、政策、法规制度，熟悉各项财务制度及会计核算内容和各项目的开支范围与标准，严格按照工资、奖金核算办法计算工资和各种奖金；

2. 每月根据人力资源部考核，主管领导审批后的考勤表，依据出勤天数、岗位标准、各种补贴和奖金分配方案等有关内容，按照项目和部门归集，正确编制工资结算表，并办理“五险一金”各种代扣款项；

3. 根据税务部门有关个人所得税的征管规定，在工资管理系统中定义扣税标准，代扣职工个人所得税，并在规定的时间内代缴职工个人所得税；

4. 根据国家规定正确计算提取工会经费、职工教育经费等有关费用；

5. 按照有关规定和标准计算由企业负担的各种保险费，并在规定时间内缴纳；

6. 按照有关规定和人力资源部的通知，办理住房公积金的计算、变更、划转等工作，按有关规定做好住房公积金的明细账登记工作；

7. 按照工资支付对象和成本核算的要求，编制职工薪酬分配表，向有关部门提供职工薪酬分配的明细资料；

8. 定期与人力资源部核对在职职工、离退休人数、工资、津贴标准等，按照人力资源部提供的职工工资变动表、晋职人员工资调整表、离退职人员审批表等文件，对工资管理系统中的有关项目进行调整，保证工资档案的准确、完整，并按月打印输出各类工资表，将打印出的工资表分类装订成册，连续编号，妥善保管；

9. 确保准确发放工资。

七、成本核算岗位

1. 负责本企业的成本费用核算工作，严格控制成本开支范围和开支标准；

2. 加强成本管理基础工作，协助有关部门建立健全各项原始记录，开展部门经济核算；

3. 负责成本费用的管理与控制，对公司的成本费用计划的执行情况进行监督、检查，找出成本费用升降原因并提出降低成本费用的意见，加强成本管理；

4. 根据公司生产经营计划编制成本、费用、利润等计划，并将指标分解落实，确保计划实现；

5. 严格审核成本费用支出的原始凭证，对成本费用支出的合理性、合法性和完备性进行确认；

6. 正确编制会计凭证、会计科目，登记各种费用成本明细账，做好记账、对账、报账工作。

7. 严格划分公司资本性支出和收益性支出的核算，确保成本费用核算的准确；按照成本核算办法的规定，确定成本核算对象，正确归集、分配生产费用；

8. 协助有关部门定期对产成品进行盘库，核对产成品库存情况；

9. 开展部门群众性核算，落实经济责任制；

10. 完成领导交办的其他工作。

八、利润核算岗位

1. 编制利润计划；
2. 办理销售款项的结算业务；
3. 负责销售和利润的明细核算；
4. 编制利润报表，进行利润的分析和考核；
5. 协助有关部门对产品进行清查盘点。

九、往来结算岗位

1. 建立往来款项清算手续制度；
2. 办理往来款项的结算业务；
3. 负责往来结算的明细核算。

十、总账报表岗位

1. 登记总账；
2. 编制资金平衡表，核对其他会计报表；
3. 管理会计凭证和账表。

十一、稽核岗位

1. 审查财务成本计划；
2. 审查各项财务收支；
3. 复核会计凭证和账表。

十二、纳税申报岗位

1. 按照税法规定办理税务登记及变更等有关事项，并按规定使用税务登记证件；
2. 办理税务计算、缴纳、代扣代缴工作；
3. 办理税务申报、查对、复核等事项；
4. 办理有关的免税申请及退税冲账等事项；

5. 编制有关的税务报表及相关分析报告；
6. 办理其他与税务有关的事项。

十三、综合分析岗位

1. 综合分析财务状况和经营成果；
2. 编写财务情况说明书；
3. 进行财务预测，提供经营决策资料。

第二章　实训资料

任务一　货币资金实训

一、能力目标

1. 能识记现金管理基本内容、银行结算方式的有关规定、银行结算原则和结算纪律；

2. 熟悉出纳岗位职责(见附录一)，企业在日常经营中所涉及的银行业务方面的支票填制方法及相关的办理手续，熟练进行企业货币资金实务的会计处理；

3. 能运用会计基本理论解释货币资金信息生成过程；

4. 能解决货币资金会计处理过程中的常见问题；

5. 能初步具有良好的会计职业道德；

6. 能严格按照《企业会计准则》等政策法规要求规范操作。

二、任务描述

1. 设置现金日记账、银行存款日记账，登记期初余额；

2. 设置现金总账、银行存款总账，登记期初余额；

3. 根据经济业务填制有关的结算凭证；

4. 根据实训资料中的原始凭证，填制记账凭证，并将原始单据附后；

5. 根据记账凭证及原始凭证逐日逐笔登记现金日记账和银行存款日记账，按日结计日记账余额，月末结账，根据记账凭证登记总账；

6. 根据银行存款日记账和银行对账单进行核对，编制银行存款余额调节表。

三、实训说明

1. 实训形式：本实训为单人独立实训；

2. 实训用品：原始凭证、记账凭证、现金日记账、银行存款日记账、总账；

3. 实训资料：

经银行核定，齐鲁小家电有限责任公司库存现金的限额为6 000元，2010 年 12 月 1 日该公司现金余额为1 680元，银行存款余额为4 785 938元。该公司 2011 年 12 月份发生如下经济业务，根据以下原始凭证编制会计分录，填制记账凭证，并据以登记各账簿。

1.12 月 4 日，签发现金支票向银行提取现金2 000元，备日常零星使用。请开具现金支票。

原始凭证 1——现金支票

中国工商银行
现金支票存根（鲁）
CM/02 02565701
附加信息 ________
____
____
出票日期：年 月 日
收款人：________
金　额：________
用　途：________
单位主管：　会计：

中国工商银行现金支票（鲁）　CM/02 02565701
签发日期（大写）　年　月　日　付款行名称：
收款人：________　出票人账号：

人民币（大写）	千	百	十	万	千	百	十	元	角	分

用途：________
上列款项请从我账号内支付
出票人签章：　复核：　记账

现金支票背面

2. 12 月 5 日，以银行存款购买办公用品，共5 000元，开具转账支票支付。

原始凭证 1——普通发票

山东省商业企业通用发票

发票联　№00653321

客户名称：齐鲁小家电有限责任公司　2010 年 12 月 5 日

货物或劳务名称	规格	数量	单价	金额 万	千	百	十	元	角	分	说明
办公用品				¥	5	0	0	0	0	0	单位盖章
				¥	5	0	0	0	0	0	
合计人民币（大写）：伍仟元整				¥5 000.00							

收款人：张凡　复核：　开票人：李一

原始凭证 2——转账支票

中国工商银行 转账支票存根（鲁） CM/02 02568901 附加信息 ________ ________ ________ 出票日期：年　月　日 收款人：________ 金　额：________ 用　途：________ 单位主管：　会计：	中国工商银行转账支票（鲁）　CM/02 02568901 签发日期（大写）　年　月　日　付款行名称： 收款人：________　出票人账号： 人民币（大写）　千 百 十 万 千 百 十 元 角 分 用途：________ 上列款项请从我账号内支付 齐鲁小家电有限责任公司 财务专用章　王强印 出票人签章：　复核：　记账

3. 12 月 10 日，收到客户山东大地有限责任公司转账支票一张，偿还前欠货款 50 000 元。

原始凭证 1——转账支票

中国工商银行转账支票（鲁）　CM/02 02563786

签发日期（大写）：贰零壹零年壹拾贰月零壹拾日　付款行名称：

收款人：齐鲁小家电有限责任公司　出票人账号：

人民币（大写）：伍万元整	千	百	十	万	千	百	十	元	角	分
			¥	5	0	0	0	0	0	0

用途：贷款

上列款项请从我账号内支付

张文钊印　山东大地有限责任公司 财务专用章

出票人签章：　复核：　记账

转账支票背面

齐鲁小家电有限责任公司 财务专用章　王强印	

原始凭证 2——银行进账单

中国工商银行银行进账单（收账通知）

2010 年 12 月 12 日

付款人	全称	山东大地有限责任公司	收款人	全称	
	账号	1605789057606871		账户	
	开户银行	工行市中支行		开户银行	

人民币（大写）：	亿	千	百	十	万	千	百	十	元	角	分

票据种类		收款人开户银行盖章
票据张数		
单位主管　　会计 复核　　记账		

中国工商银行高新支行
2010年12月12日
转讫

4. 12 月 11 日，张丽预借差旅费 1 000 元，以现金支付，编制会计分录，登记账簿。

原始凭证——借款单

借　款　单

年　月　日

部门		借款人									
金额（大写）		千	百	十	万	千	百	十	元	角	分
借款理由											
财务审批：		主管：						经手人：			

现金付讫

5. 12 月 16 日，张丽报销差旅费 830 元，交回余款 170 元，冲销原借款。其中，车票北京—济南往返共 240 元，住宿费 300 元，伙食补助费 90 元，会务费 200 元。

原始凭证——差旅费报销单

差旅费报销单

年 月 日

月	日	时间	出发地点	月	日	时间	到达地点	机票费	车船费	住宿费		出差补助		其他	合计
										标准	实支	天数	金额		

出差任务		报销金额（人民币）			预借金额	
		单位领导：	部门负责人	出差人：	报销金额	
					结余金额	

现金付讫

6. 12 月 22 日，以银行存款 40 元购买现金支票、转账支票各一本。

原始凭证——办理银行业务回单

凭证工本费清单

2010 年 12 月 22 日

账号	16030058363803366	凭证名称	本数	单价	金额	手续费
单位名称	齐鲁小家电有限责任公司	现金支票	1	20.00	20.00	
（付款人盖章）		转账支票	1	20.00	20.00	
		合计			40.00	
		合计金额（大写）：肆拾元整				

齐鲁小家电有限责任公司 财务专用章

王强印

7. 12 月 23 日，出售甲产品 3 件，含税单价 1 000 元，收到现金。

原始凭证 1——增值税发票

山东省增值税专用发票

发　票　联

开票日期：　年　月　日

购货单位	名称	山东大地有限责任公司				密码区	略		
	纳税人识别号	3701051167860331							
	地址、电话	高新路 202 号　87632145							
	开户行及账号	工行高新支行　5610111702369							
货物或应税劳务名称		规格型号	单位	数量	单价		金额	税率	税额
								17%	
价税合计（大写）							（小写）￥		
销货单位	名称					备注			
	纳税人识别号								
	地址、电话								
	开户行及账号								

收款人：（章）　　复核：　　开票人：　　销货单位：

原始凭证 2——收款收据

收　款　收　据

收款日期：　年　月　日

付款单位		收款单位		收款项目							
人民币（大写）：				十	万	千	百	十	元	角	分
经办	部门		人员								
上述款项照数收讫无误 收款单位财务专用章 领款人签章			会计主管	稽核	出纳	缴款人					

8．12 月 23 日，将现金 3 000 元送存银行。

原始凭证——银行现金缴款单

中国工商银行现金缴款单

缴款日期：　年　月　日

收款人	全称						款项来源				
	账号		开户行								
金额	人民币（大写）：					亿	千	百	十	万	千

金额（续）	百	十	元	角	分

票面	壹佰元	伍拾元	拾元	伍元	壹元	伍角	贰角	壹角	伍分	贰分	壹分

出纳复核员：　　收款员：　　会计：　　复核员：　　记账员：

9. 12 月 25 日，会计张力参加税务局培训，共报销市内交通费 50 元和培训费 200 元，以现金支付。

原始凭证——费用报销单

费 用 报 销 单

报销日期：2010 年 12 月 25 日

费用项目	类别	金额	负责人（签章）	
交通费 培训费	市内交通费	50.00 200.00	审查意见	
			报销人（签章）	现金付讫
报销金额		250.00		
核实金额（大写）：贰佰伍拾元整		￥250.00		

10. 12 月 29 日，用银行存款支付山东电视台广告费 42 000 元。

原始凭证 1——转账支票

中国工商银行
转账支票存根（鲁）
CM/02 02568902

附加信息 ________

出票日期：　年　月　日
收款人：________
金　额：________
用　途：________
单位主管：　　会计：

中国工商银行转账支票（鲁）　　CM/02 02568902

签发日期（大写）　　年　　月　　日　付款行名称：

收款人：________　出票人账号：

人民币（大写）	千	百	十	万	千	百	十	元	角	分

用途：

上列款项请从我账号内支付

出票人签章：　　复核：　　记账

（印章：齐鲁小家电有限责任公司 财务专用章；王强印）

原始凭证 2——普通发票

山东省广告业专用发票

发票联　　№00653321

客户名称：齐鲁小家电有限责任公司　　2010 年 12 月 5 日

货物或劳务名称	规格	数量	单价	金额 万	千	百	十	元	角	分	说明
广告费				￥4	2	0	0	0	0	0	单位盖章
合计人民币（大写）：肆万贰仟元整				￥42 000.00							

收款人：　　复核：　　开票人：

（印章：山东电视台广告有限责任公司 发票专用章）

11. 12 月 30 日，收到临时工王云工作服押金 200 元。

原始凭证——收款收据

收 款 收 据

收款日期： 年 月 日

付款单位		收款单位		收款项目									
人民币（大写）：				百	十	万	千	百	十	元	角	分	
经办	部门		人员										
上述款项照数收讫无误 收款单位财务专用章 领款人签章	会计主管	稽核	出纳	缴款人									

12.12 月 31 日，开具转账支票支付红叶服装厂工作服订金 10 000 元。

原始凭证 1——转账支票

中国工商银行 转账支票存根（鲁） CM/02 02568903 附加信息 ______ ______ ______ 出票日期： 年 月 日 收款人：______ 金 额：______ 用 途：______ 单位主管： 会计：	中国工商银行转账支票（鲁） CM/02 02568903 签发日期（大写） 年 月 日 付款行名称： 收款人：______ 出票人账号： 人民币（大写） 千 百 十 万 千 百 十 元 角 分 用途：______ 上列款项请从我账号内支付 出票人签章： 复核： 记账

原始凭证 2——收款收据

收 款 收 据

收款日期：2010 年 12 月 30 日

付款单位	齐鲁小家电有限责任公司	收款单位	红叶服装厂	收款项目	服装定金								
人民币（大写）：壹万元整				百	十	万	千	百	十	元	角	分	
					¥	1	0	0	0	0	0	0	
经办	部门		人员										
上述款项照数收讫无误 收款单位财务专用章 领款人签章	会计主管	稽核	出纳	缴款人									

13.12 月 31 日，预付下一年房租 432 000 元。

原始凭证 1——转账支票

<table>
<tr><td rowspan="6">中国工商银行
转账支票存根（鲁）
CM/02 02568904

附加信息 ______
______
______
出票日期：年 月 日
收款人：______
金 额：______
用 途：______
单位主管： 会计：</td><td colspan="11">中国工商银行转账支票（鲁） CM/02 02568904
签发日期（大写） 年 月 日 付款行名称：
收款人：______ 出票人账号：</td></tr>
<tr><td>人民币</td><td>千</td><td>百</td><td>十</td><td>万</td><td>千</td><td>百</td><td>十</td><td>元</td><td>角</td><td>分</td></tr>
<tr><td>（大写）</td><td></td><td></td><td></td><td></td><td></td><td></td><td></td><td></td><td></td><td></td></tr>
<tr><td colspan="11">用途：______
上列款项请从我账号内支付</td></tr>
<tr><td colspan="11">（印章：齐鲁小家电有限责任公司 财务专用章）（印章：王强印）</td></tr>
<tr><td colspan="11">出票人签章： 复核： 记账</td></tr>
</table>

原始凭证 2——普通发票

山东省服务业专用发票

发票联 鲁地税京字№00653321

客户名称：齐鲁小家电有限责任公司 开票日期：2010 年 12 月 31 日

<table>
<tr><td rowspan="2" colspan="3">服务项目</td><td colspan="11">金 额</td><td rowspan="2">备注</td></tr>
<tr><td></td><td>千</td><td>百</td><td>十</td><td>万</td><td>千</td><td>百</td><td>十</td><td>元</td><td>角</td><td>分</td></tr>
<tr><td colspan="3">房屋租金</td><td rowspan="4">超
限
无
效</td><td></td><td>￥</td><td>4</td><td>3</td><td>2</td><td>0</td><td>0</td><td>0</td><td>0</td><td>0</td><td></td></tr>
<tr><td colspan="3"></td><td></td><td></td><td></td><td></td><td></td><td></td><td></td><td></td><td></td><td></td><td></td></tr>
<tr><td colspan="3"></td><td></td><td></td><td></td><td></td><td></td><td></td><td></td><td></td><td></td><td></td><td></td></tr>
<tr><td colspan="3"></td><td></td><td></td><td></td><td></td><td></td><td></td><td></td><td></td><td></td><td></td><td></td></tr>
<tr><td colspan="15">合计人民币（大写）：肆拾叁万贰仟元整 ￥432 000.00 元</td></tr>
<tr><td>开票
单位</td><td>加盖发票专用章</td><td>开户银行</td><td colspan="3">账号</td><td colspan="2">结算
方式</td><td colspan="2">转账</td><td colspan="2">现金
现金</td><td colspan="2">汇票</td><td>其他</td></tr>
</table>

（印章：济南市高新技术创业服务中心 财务专用章）

地址： 收款人（章） 开票人（章）

14．12 月 31 日，开具现金支票 112860 元，提取现金，发放工资

原始凭证 1——现金支票

<table>
<tr><td rowspan="6">中国工商银行
现金支票存根（鲁）
CM/02 02565702
附加信息 ______
______
______
出票日期：年 月 日
收款人：______
金 额：______
用 途：______

单位主管： 会计：</td><td colspan="11">中国工商银行现金支票（鲁） CM/02 02565702
签发日期（大写） 年 月 日 付款行名称：
收款人：______ 出票人账号：</td></tr>
<tr><td>人民币</td><td>千</td><td>百</td><td>十</td><td>万</td><td>千</td><td>百</td><td>十</td><td>元</td><td>角</td><td>分</td></tr>
<tr><td>（大写）</td><td></td><td></td><td></td><td></td><td></td><td></td><td></td><td></td><td></td><td></td></tr>
<tr><td colspan="11">用途：______
上列款项请从我账号内支付</td></tr>
<tr><td colspan="11">（印章：齐鲁小家电有限责任公司 财务专用章）（印章：王强印）</td></tr>
<tr><td colspan="11">出票人签章： 复核： 记账</td></tr>
</table>

原始凭证 2——工资结算汇总表

工资结算汇总表

单位：元

部门		应付工资				代扣款项		实发工资
		标准工资	奖金	津贴	合计	社会保险金	个人所得税	
生产车间	生产工人	50 000	3 600	2 000	55 600	5 560		50 040
	管理人员	10 000	800	500	11 300	1 130		10 170
销售机构		20 000	3 000	1 500	24 500	2 450		22 050
医务室		10 000	500	500	11 000	1 100		9 900
行政部门		20 000	2 000	1 000	23 000	2 300		20 700
合计		110 000	9 900	5 500	125 400	12 540		112 860

会计：　　　　　　　　　　复核：　　　　　　　　　　出纳：

15. 销售给本地企业山东蓝星有限责任公司一批商品，价税合计共 117 000 元，收到转账支票一张，存入银行。

原始凭证 1——增值税发票

山东省增值税专用发票

发票联　开票日期：　　年　　月　　日

购货单位	名称	山东蓝星有限责任公司				密码区	略	
	纳税人识别号	370454631664768						
	地址、电话	解放路20号 54687623						
	开户行及账号	招行市中支行 4657896523						
货物或应税劳务名称		规格型号	单位	数量	单价	金额	税率	税额
							17%	
价税合计（大写）						（小写）￥		
销货单位	名称					备注	齐鲁小家电有限责任公司 370603001112228 发票专用章	
	纳税人识别号							
	地址、电话							
	开户行及账号							

收款人：（章）　　复核：　　开票人：　　销货单位：

原始凭证2——转账支票

中国工商银行转账支票（鲁）　CM/02 025656556

签发日期（大写）：贰零壹零年壹拾贰月零壹拾日　　付款行名称：

收款人：齐鲁小家电有限责任公司　　出票人账号：

人民币（大写）：伍万元整	千	百	十	万	千	百	十	元	角	分
			￥	5	0	0	0	0	0	0

用途：货款

上列款项请从我账号内支付

出票人签章：山东蓝星有限责任公司 财务专用章　复核　李刚印　记账

转账支票背面

齐鲁小家电有限责任公司 财务专用章　王强印	

原始凭证 3——银行进账单

中国工商银行银行进账单（收账通知）

2010 年 12 月 12 日

付款人	全称	山东大地有限公司	收款人	全称	
	账号	1605789057606871		帐户	
	开户银行	工行市中支行		开户银行	

人民币（大写）：	亿	千	百	十	万	千	百	十	元	角	分

票据种类		收款人开户银行盖章
票据张数		
单位主管 会计 复核 记账		

中国工商银行高新支行 2010.12.12 转讫

16. 12 月 31 日，盘点现金，现金短款 30 元，经调查，系出纳工作失误所致。

原始凭证——现金盘点表

现金盘点表

盘点现金					差额原因
货币面额	张数	金额(元)	项目	金额(元)	
100	26	2 600.00	现金账面数	3 000	
50	2	100.00	加：收入未记账		
20	2	40.00	减：支出未记账		
10	16	160.00	调整后现金余额	3 000.00	
5	9	45.00			
2	6	12.00	盘点现金	2 970.00	
1	13	13.00	现金长款		
0.5			现金短款	30.00	
0.2					
0.1					
合计		2 970.00			

盘点时间：2010 年 12 月 31 日

盘亏金额：盘亏 30 元

盘亏原因：系出纳工作失职所致

处理意见：根据公司财务制度规定，由出纳补足盘亏金额

审批意见：同意

17. 12 月 31 日，到银行打印对账单，编制银行存款余额调节表。

银行存款对账单

网点号：　　　币种：人民币（本位币）　　　单位：元　　　2010 年 12 月份

账号：　　　户名：齐鲁小家电有限责任公司　　　上页余额：4785938.00

日期	交易类型	凭证号	对方户名	摘要	借方发生额	贷方发生额	余额	记账信息
12.01		略	略	略			4 785 938.00	略
12.04	现金支票				2 000.00		4 783 938.00	
12.05	转账支票				5 000.00		4 778 938.00	
12.10	转账支票					50 000.00	4 828 938.00	
12.22	结算收费凭证				40.00		4 828 898.00	
12.23	缴存现金					3 000.00	4 831 898.00	
12.29	转账支票				42 000.00		4 789 898.00	
12.30	资金汇划补充凭证					200 000.00	4 989 898.00	
12.31	转账支票				432 000.00		4 557 898.00	
12.31	现金支票				112 860.00		4 445 038.00	
12.31	结算收费凭证				800.00		4 444 238.00	

截至　010 年 12 月 31 日，账户余额：4 444 238.00　　　可用余额：4 444 238.00

中国工商银行京新支行 2010年12月31日 业务章

银行存款余额调节表

年　　月　　日

单位：元

企业银行存款日记账余额	4 352 038.00	银行对账单余额	444 238.00
加：		加：	
减：		减：	
调节后余额：		调节后余额：	

复核：　　　　　　　　　　　　　　　　制单：

任务二　应收及预付款项实训

一、能力目标

1. 能识记应收票据、应收账款、预付账款和其他应收款实务会计处理的有关规定；

2. 能熟悉往来款项岗位职责，能运用所学知识根据原始凭证分析经济业务并熟练进行企业往来业务实务的会计处理；

3. 能运用会计基本理论知识解释应收及预付款项信息生成过程；

4. 能解决应收及预付款项会计处理过程中的常见问题；

5. 能初步具有相应的会计职业判断意识；

6. 能严格按照《企业会计准则》等政策法规要求规范操作。

二、任务描述

1. 设置应收账款、其他应收款、坏账准备总账及明细账，并登记期初余额；

2. 根据经济业务填制有关的原始凭证；

3. 根据实训资料中的原始凭证，填制记账凭证，并将原始单据附于后面；

4. 根据应收账款、其他应收款期末余额，月末计提坏账准备，并编制记账凭证；

5. 根据记账凭证及原始凭证登记应收账款、其他应收款、坏账准备明细账，根据记账凭证登记应收账款、其他应收款、坏账准备总额；

6. 月末，核对总账、明细账金额是否一致，如不一致，查明原因，进行更正。

三、实训资料

1. 实训形式：本实训为单人独立实训；

2. 实训用品：原始凭证、记账凭证、现金日记账、银行存款日记账、总账、应收账款、预收账款、其他应收款及坏账准备等账户的明细账

3. 实训资料：

齐鲁小家电有限责任公司按年估计应收款项减值损失，计提减值准备。坏账准备计提方法采用应收账款余额百分比法，以月末应收账款和其他应收款账面余额为基数，按5‰计资产减值损失。2010 年 11 月 30 日该公司有关账户余额资料如下表所示：

债权债务账户期初余额表

2010 年 11 月 30 日

总账科目	明细科目	期初余额(元)	
		借方	贷方
其他应收款	张明	1 000.00	
应收账款	大地公司	100 000.00	
应收账款	泰山公司	129 090.00	
应收账款	蓝星公司	22 000.00	
应收账款	新月公司	386 100.00	
应收账款	黄河公司	128 700.00	
应收账款	滨江公司	5 000.00	
坏账准备			2 000.00
长期应收款		100 000.00	
其他应付款			1 800.00
应付账款			23 400.00
长期应付款			1 170 000.00

2010 年 12 月 1～31 日该公司发生了下列经济业务，根据业务内容填制空白原始凭证，并编制会计分录，填制记账凭证，据以登记各账簿。

1. 2 日，向济南大地有限公司销售产品一批，价款 50000 元，增值税 8500 元，采用托收承付结算方式结算，产品发运时，以转账支票支付代垫运杂费 1000 元，已向银行办妥托收手续。

原始凭证 1——银行托收凭证

中国工商银行托收凭证（第一联）

委托日期：2010 年 12 月 2 日

业务类型	委托收款（ 邮划 电划 ） 托收承付（ 邮划 电划 ）						
付款人	全称	山东大地有限责任公司		收款人	全称	齐鲁小家电有限责任公司	
	账号	5610111702369			账号	16030058363803366	
	地址	高新路 202 号	开户行 工行高新支行		地址	黄海路 568	开户行 工行高新支行
委托内容	人民币（大写）伍万捌仟伍佰元整			金额	十 亿 千 百 十 万 千 百 十 元 角 分 ¥ 5 8 5 0 0 0 0		
款项内容	货款	委托收款凭证名称	合同及发票	附寄单证张数	2		
商品发运情况		已发运	合同名称号码	购销合同 2010.12-1			
收款人行号		3703	款项收妥日期	收款人开户行盖章			
备注：				中国工商银行高新支行 2010年12月2日 业务章			
复核： 记账：			年 月 日	年 月 日			

注：此联为回单，由收款人开户银行审核无误后加盖印章退给收款人。

原始凭证 2——增值税发票

山东省增值税专用发票

发票联 开票日期：

购货单位	名称	山东大地有限责任公司				密码区	略	
	纳税人识别号	370105116786 0331						
	地址、电话	高新路 202 号 87632145						
	开户行及账号	工行高新支行 5610111702369						
货物或应税劳务名称		规格型号	单位	数量	单价	金额	税率	税额
							17%	
价税合计（大写）						（小写）¥		
销货单位	名称					备注	齐鲁小家电有限责任公司 370603001112228 发票专用章	
	纳税人识别号							
	地址、电话							
	开户行及账号							

收款人： 复核： 开票人： 销货单位：
（章）

原始凭证 3——转账支票

中国工商银行 转账支票存根（鲁） CM/02 02568905 附加信息 ________ ________ ________ 出票日期：年　月　日 收款人：________ 金　额：________ 用　途：________ 单位主管：　会计：	中国工商银行转账支票（鲁）　CM/02 02568905 签发日期（大写）　年　月　日　付款行名称： 收款人：________　出票人账号： 人民币（大写）　千 百 十 万 千 百 十 元 角 分 用途：________ 上列款项请从我账号内支付 出票人签章：　复核：　记账 （印章：齐鲁小家电有限责任公司 财务专用章）（印章：王强印）

2. 3 日，上月应收山东泰山有限公司货款 129 090 元，本月收到银行电汇凭证，已收到货款。

原始凭证 1——银行凭证

中国工商银行托收凭证（第一联）

委托日期：2010 年 12 月 3 日

业务类型	委托收款（ 邮划 电划 ）			托收承付（ 邮划 电划 ）			
付款人	全称	山东泰山有限责任公司		收款人	全称	齐鲁小家电有限责任公司	
	账号	37EE1245658867B2			账号	16030058363803366	
	地址	建设路 12 号	开户行 建行市中		地址	高新路	开户行 工行高新
委托内容	人民币（大写）壹拾贰万玖仟零玖拾元整						
款项内容	货款	委托收款凭证名称	合同发票	附寄单证张数	2		
商品发运情况		已发运	合同名称号码	购销合同 2010-12-1			
收款人行号		3703	款项收妥日期	收款人开户行盖章			
备注： 复核：　记账：			年　月　日	年　月　日			

千	百	十	万	千	百	十	元	角	分
	¥	1	2	9	0	9	0	0	0

（印章：中国工商银行高新支行 2010年12月3日 转讫）

注：此联为回单，由收款人开户银行审核无误后加盖印章退给收款人。

3. 4 日，销售给本地山东大地有限责任公司甲产品 10 件，含税单价 1 000 元，发票已开，收到对方支付的转账支票一张，存入银行。

原始凭证 1——增值税发票

山东省增值税专用发票

发票联　　　　　　开票日期：

购货单位	名称	山东大地有限责任公司				密码区	略	
	纳税人识别号	370105116786O331						
	地址、电话	高新路 202 号　87632145						
	开户行及账号	工行高新支行　5610111702369						
货物或应税劳务名称	规格型号	单位	数量	单价		金额	税率	税额
							17%	
价税合计（大写）						（小写）¥		
销货单位	名称					备注		
	纳税人识别号							
	地址、电话							
	开户行及账号							

收款人：　　　　复核：　　　　开票人：　　　　销货单位：

原始凭证 2——转账支票

中国工商银行转账支票（鲁）　　CM/02 56893307

签发日期（大写）：贰零壹零年壹拾贰月零肆日　　付款行名称：

收款人：齐鲁小家电有限责任公司　　出票人账号：

人民币（大写）：壹万元整	千	百	十	万	千	百	十	元	角	分
			¥	5	0	0	0	0	0	0

用途：货款

上列款项请从我账号内支付

出票人签章：　　　　复核：　　　　记账

转账支票背面

原始凭证 3——银行进账单

中国工商银行进账单(收账通知)

年 月 日

付款人	全称	山东大地有限责任公司	收款人	全称	
	账号	5610111702369		账号	
	开户银行	工行高新支行		开户银行	
人民币（大写）					
票据种类			收款人开户银行盖章		
票据张数					
单位主管	会计				
复核	记账				

（印章：中国工商银行高新支行 2010年2月4日 转）

4.8 日，向山东泰山有限责任公司销售产品一批，价款 100 000 元，增值税 17 000 元，付款条件 2/10，1/20，*n*/30。根据销售合同约定，按照应收总额计算现金折扣。

原始凭证——增值税发票

山东省增值税专用发票

发票联　　　　开票日期：

购货单位	名称	山东泰山有限责任公司				密码区	略	
	纳税人识别号	372278921235689						
	地址、电话	建设路 12 号 87698766						
	开户行及账号	建行市中 3722124565886782						
货物或应税劳务名称		规格型号	单位	数量	单价	金额	税率	税额
							17%	
价税合计（大写）						（小写）¥		
销货单位	名称					备注		
	纳税人识别号							
	地址、电话							
	开户行及账号							

（印章：齐鲁小家电有限责任公司 3706030011112228 发票专用章）

收款人：　　　复核：　　　开票人：　　　销货单位：

5. 10 日，接银行通知，前销售给山东新月有限公司的货款 386 100.00 元已收妥入账。

原始凭证——银行托收凭证

中国工商银行托收凭证（第一联）

委托日期：2010 年 12 月 10 日

业务类型		委托收款（ 邮划 电划 ）				托收承付（ 邮划 电划 ）									
付款人	全称	山东新月有限责任公司		收款人	全称	齐鲁小家电有限公司									
	账号	375632598654256			账号	16030058363803366									
	地址	东方路28号	开户行 工行市中支行	地址	高新黄海路	开户行 工行高新支行									
委托内容		人民币（大写）叁拾捌万陆仟壹佰元整				千	百	十	万	千	百	十	元	角	分
							¥	3	8	6	1	0	0	0	0
款项内容	货款	委托收款凭证名称	合同票	附寄单证张数	2										
商品发运情况		已发运	合同名称号码	购销合同 2010-12-1											
收款人行号		3703	款项收妥日期	收款人开户行盖章											
备注：复核：		记账：	年 月 日	年 月 日											

注：此联为回单，由收款人开户银行审核无误后加盖印章退给收款人。

6. 12 日，山东蓝星公司交来转账支票一张支付上月采购货款 22 000 元，出纳持支票到银行办理了进账手续。

原始凭证 1——转账支票

中国工商银行转账支票（鲁）　CM/0256890377

签发日期（大写）：贰零壹零年壹拾贰月零壹拾日　　付款行名称：

收款人：齐鲁小家电有限责任公司　　出票人账号：

人民币（大写）：贰万贰仟元整	千	百	十	万	千	百	十	元	角	分
			¥	2	2	0	0	0	0	0

用途：货款

上列款项请从我账号内支付

出票人签章：　　复核：　　记账

转账支票背面

齐鲁小家电有限责任公司 财务专用章　王强印	

原始凭证 2——进账单

中国工商银行进账单（收账通知）

年　　月　　日

付款人	全称	山东蓝星有限责任公司	收款人	全称	
	账号	4657896523		账号	
	开户银行	招行市中支行		开户银行	
人民币（大写）					
票据种类			收款人开户银行盖章		
票据张数					
单位主管　　会计 复核　　记账					

中国工商银行高新支行 2010年2月2日 转讫

7.15 日，向济南顺丰金属制品有限责任公司采购材料，开出转账支票一张，预付材料款 30 000 元。

原始凭证——转账支票

中国工商银行 转账支票存根（鲁） CM/02 02568906 附加信息 ______ ______ ______ 出票日期：　年　月　日 收款人：______ 金　额：______ 用　途：______ 单位主管：　　会计：	中国工商银行转账支票（鲁）　　CM/02 02568906 签发日期（大写）　　年　　月　　日　付款行名称： 收款人：______　出票人账号： 人民币（大写）　千 百 十 万 千 百 十 元 角 分 用途：______ 上列款项请从我账号内支付 出票人签章：　　复核：　　记账 （齐鲁小家电有限责任公司 财务专用章）（王强印）

8.18 日，收到济南顺丰金属制品公司材料及有关结算单据，材料价款 90 000 元，增值税 15 300 元，材料尚未收到。同时开出转账支票一张，补付材料款 75 300 元

原始凭证 1——增值税发票

山东省增值税专用发票

发票联　　　　开票日期：

购货单位	名称	齐鲁小家电有限责任公司			密码区	略		
	纳税人识别号	350603001112228						
	地址、电话	黄海路 568 号 0531－85262626						
	开户行及账号	工商银行高新支行 16030058363803366						
货物或应税劳务名称		规格型号	单位	数量	单价	金额	税率	税额
甲材料			吨	180	50	90 000	17%	15 300
价税合计（大写）		壹拾万零伍仟叁佰元整				（小写）¥105 300.00		
销货单位	名称	济南顺丰金属制品公司				备注		
	纳税人识别号	370256894356822						
	地址、电话	经十路 59 号 84652322						
	开户行及账号	工行历下支行 25658686352						

收款人：　　　　复核：　　　　开票人：　　　　销货单位：（章）

原始凭证 2——转账支票

中国工商银行
转账支票存根（鲁）
CM/02 02568907

附加信息 ________

出票日期：　年　月　日
收款人：________
金　额：________
用　途：________
单位主管：　　会计：

中国工商银行转账支票（鲁）　　CM/02 02568907

签发日期（大写）　　年　　月　　日　付款行名称：

收款人：________________　出票人账号：

人民币（大写）	千	百	十	万	千	百	十	元	角	分

用途：________

上列款项请从我账号内支付

出票人签章：　　　　复核：　　　　记账

9.19 日，收到黄河公司银行承兑汇票 128700 元，抵付前欠货款。

原始凭证—银行承兑汇票

银行承兑汇票

出票日期(大写)：贰零壹零年壹拾贰月壹拾玖日

出票人全称	山东黄河公司	收款人	全称	齐鲁小家电有限责任公司
出票人账号	56413849661		账号	16030058363803366
付款行全称	建行天桥支行		开户行	工行高新支行

出票金额	人民币（大写）壹拾贰万捌仟柒百元整	千	百	十	万	千	百	十	元	角	分
			¥	1	2	8	7	0	0	0	0

汇票到期日	2011.03.19	付款行	行号	中国建设银行济南市天桥区支行
承兑协议编号			地址	
本汇票请你行承兑，到期请予以无条件支付 出票人签章		本汇票已经承兑，到期日由本行付款。 承兑日期　　年　月　日		复核：　　记账：

10.20 日，公司向济南八方汽车租赁有限责任公司租入小汽车两辆，以汇兑方式向出租方支付押金 10 000 元。

原始凭证 1——电汇回单

中国工商银行电汇凭证(回单)

委托日期：2010 年 12 月 20 日

付款人	全称	齐鲁小家电有限责任公司			收款人	全称	济南八方租赁有限责任公司		
	账号、地址	16030058363803366				账号或地址	56894864456		
	汇出地点	济南市	汇出行名称	工行高新		汇入地点	济南市	汇入行名称	工行历城

金额	人民币（大写）壹万元整	亿	千	百	十	万	千	百	十	元	角	分
					¥	1	0	0	0	0	0	0

收款人行号	3703	留行待取预留收款人印鉴
款项已汇入收款人账户 汇入行盖章 年　月　日	上列款项已收妥 （收款人盖章） 年　月　日	科目（借） 对方科目（贷） 汇出行汇出日期　年　月　日 复核　出纳　记账

原始凭证 2——收据

车辆押金收据

收款日期：2010 年 12 月 20 日

<table>
<tr><td>付款
单位</td><td>齐鲁小家电有限责任公司</td><td>收款
单位</td><td colspan="6">济南八方租赁有限责任公司</td><td colspan="2">收款
项目</td><td colspan="3">押金</td></tr>
<tr><td rowspan="2">金
额</td><td rowspan="2" colspan="2">人民币（大写）壹万元整</td><td>千</td><td>百</td><td>十</td><td>万</td><td>千</td><td>百</td><td>十</td><td>元</td><td>角</td><td>分</td><td>结算方式</td></tr>
<tr><td></td><td></td><td>¥</td><td>1</td><td>0</td><td>0</td><td>0</td><td>0</td><td>0</td><td></td><td></td></tr>
</table>

会计：　　出纳：　　经办人：

11.31 日，核销应收济南滨江公司货款 5 000 元。

原始凭证——核销坏账申请

关于核销因济南滨江公司破产造成坏账损失的请示

董事会：

2007 年 3 月济南滨江公司从我公司购买一批商品，欠货款 5 000 元，我公司多次去电和派人催收，但该公司均以无款偿还为由而拒付。2010 年 12 月初，我公司接到济南市法院通知，该公司因亏损严重已宣告破产。我公司作为债权人会议成员，派人参加了破产清算工作。5 月 10 日破产清算工作终结，根据《企业破产法》规定的清偿程序，该公司财产只够支付职工工资欠款、欠缴的税金和归还部分银行贷款，对一般债务已无力偿付。原欠我公司的货款 5 000 元确定为坏账损失，故申请坏账核销。

当否，请董事会讨论批示。

附：济南滨江公司破产财产分配方案复印件（略）

业务员：丁琳

销售经理：张力

财务经理：赵一

2010 年 12 月 30 日

12. 12 月 31 日，根据应收账款和其他应收款期末余额百分比计提坏账准备。

原始凭证——坏账准备计提表

坏账准备计提表

单位：元

项目	期末余额	计提比例	已提金额	本期计提金额
应收账款				
其他应收款				

会计：　　　　复核：　　　　制表：

任务三　原材料实际成本实训

一、能力目标

1. 能识记《企业会计准则——存货》等存货实务会计处理的有关规定；
2. 能熟悉材料物资核算岗位和库存商品核算岗位的职责，能够运用所学知识并根据原始凭证分析经济业务，熟练进行原材料实际成本下的会计处理；
3. 能运用会计基本理论知识解释存货信息生成过程；
4. 能解决存货会计处理过程中的常见问题；
5. 能初步具有相应的会计职业判断意识；
6. 能严格按照《企业会计准则》等政策法规要求规范操作。

二、任务描述

1. 设置“原材料”、“在途物资”明细账，登记期初余额；
2. 根据经济业务填制有关原始凭证；
3. 根据实训资料中的原始凭证，填制记账凭证，并将原始单据附于后面；
4. 根据记账凭证及原始凭证登记原材料、在途物资明细账；
5. 月末，核对“原材料”、“在途物资”明细账余额，如不一致，查找原因，进行更正。

三、实训说明

1. 实训形式：分组实训，每组 2 人，一为仓库保管员，一为会计人员。
2. 实训时间：本项实训约需 130 分钟。
3. 实训用品：多栏式账页；付款凭证；转账凭证；总分类账账页；数量金额式明细账。
4. 实训资料

齐鲁小家电有限责任公司原材料采用实际成本核算，甲材料期初余额为 50 千克，单价 1 200 元，共计 60 000 元；乙材料期初余额为 100 千克，单价 580 元，共计 58 000 元。

购进环节取得的运输单据中运输费按 7%计算增值税。存货的发出成本计价采用先进先出法，永续盘存制。

2010 年 10 月份发生以下业务，根据以上原始凭证编制会计分录，填制记账凭证，并据以登记各账簿。

1. 2010 年 10 月 6 日齐鲁小家电有限责任公司向山东新华技术有限公司购买甲、乙两种材料，相关原始凭证如下：

原始凭证 1——增值税发票

山东省增值税专用发票

发票联　　　开票日期：2010 年 10 月 6 日

购货单位	名称	齐鲁小家电有限责任公司				密码区	略	
	纳税人识别号	350603001112228						
	地址、电话	黄海路 568 号 0531－85262626						
	开户行及账号	工商银行高新支行 16030058363803366						
货物或应税劳务名称	规格型号	单位	数量	单价	金额	税率	税额	
甲材料		千克	100	1300.00	130 000.00	17%	22 100.00	
乙材料		千克	200	600.00	120 000.00	17%	20 400.00	
价税合计（大写）	贰拾玖万贰仟伍佰零拾零元零角零分				（小写）￥292 500.00			
销货单位	名称	新华技术公司				备注		
	纳税人识别号	25669856056						
	地址、电话	解放路 2 号						
	开户行及账号	建设银行大河办事处 265489111						

（印章：山东新华技术有限公司 25669856056 发票专用章）

收款人：（章）　　复核：　　开票人：　　销货单位：

原始凭证 2——电汇回单

中国工商银行电汇凭证（回单）

2010 年 10 月 6 日

汇款人	全称	齐鲁小家电有限责任公司			收款人	全称	山东新华技术有限公司		
	账号	16030058363803366				账号	265489111		
	汇出地	济南市	汇出行	工行高新支行		汇入地	青岛	汇入行	建行大河支行
金额	人民币（大写）贰拾玖万贰仟伍佰元整					千百十万千百十元角分	￥29250000		
汇款用途	支付货款					留行待取预留收款人印鉴			
上列款项已代进账，如有错误，请持此联来行面洽。此致 汇入行盖章 年　月　日			上列款项已收妥。 （收款人盖章） 年　月　日			科目（借） 对方科目（贷） 汇出行汇出日期：　年　月　日 复核　出纳　记账			

（印章：中国工商银行高新支行 2010.10.6 转讫）

2. 2010 年 10 月 7 日上述材料验收入库，验收情况如下：

原始凭证—收料单

收　料　单

供货单位：山东新华技术有限责任公司　　　　2010 年 10 月 7 日

类别	名称	单位	数量		实际成本			
			应收	实收	单价	金额	运费	合计
材料	甲材料	千克	100	90				
材料	乙材料		200	180				
备注：甲材料短缺属合理损耗，乙材料短缺是供货单位责任，已退回货款。								

仓库部门负责人：汪洋　　　验收人：路宏　　　仓库保管人：张立

3. 2010 年 10 月 15 日购入甲材料一批，相关原始凭证如下：

原始凭证 1——增值税发票

山东省增值税专用发票

发票联　　开票日期：2010 年 10 月 15 日

<table>
<tr><td rowspan="4">购货单位</td><td>名称</td><td colspan="4">齐鲁小家电有限责任公司</td><td rowspan="4">密码区</td><td colspan="3" rowspan="4">略</td></tr>
<tr><td>纳税人识别号</td><td colspan="4">350603001112228</td></tr>
<tr><td>地址、电话</td><td colspan="4">黄海路 568 号 0531－85262626</td></tr>
<tr><td>开户行及账号</td><td colspan="4">工商银行高新支行 16030058363803366</td></tr>
<tr><td colspan="2">货物或应税劳务名称</td><td>规格型号</td><td>单位</td><td>数量</td><td colspan="2">单价</td><td>金额</td><td>税率</td><td>税额</td></tr>
<tr><td colspan="2">甲材料</td><td></td><td>千克</td><td>320</td><td colspan="2">1 500.00</td><td>480 000.00</td><td>17%</td><td>81 600.0</td></tr>
<tr><td colspan="2"></td><td></td><td></td><td></td><td colspan="2"></td><td></td><td></td><td></td></tr>
<tr><td colspan="2"></td><td></td><td></td><td></td><td colspan="2"></td><td></td><td></td><td></td></tr>
<tr><td colspan="2">价税合计（大写）</td><td colspan="5">伍拾陆万壹仟陆佰元整</td><td colspan="3">（小写）561 600.00</td></tr>
<tr><td rowspan="4">销货单位</td><td>名称</td><td colspan="5">滨江市物资公司</td><td colspan="2" rowspan="4">备注</td><td rowspan="4"></td></tr>
<tr><td>纳税人识别号</td><td colspan="5">820067100592605</td></tr>
<tr><td>地址、电话</td><td colspan="5">冶江路 756 号</td></tr>
<tr><td>开户行及账号</td><td colspan="5">开发区办事处 84251263</td></tr>
</table>

滨江市物资公司 820067100592605 发票专用章

收款人：（章）　　复核：　　开票人：　　销货单位：

原始凭证 2——银行汇票多余款项通知单

中国工商银行

汇票号码：略

银行汇票（多余款收账通知）　　4

签发日期(大写)：贰零壹零年壹拾月壹拾伍日	兑付地点：　　兑付行：　　行号：
收款人：齐鲁小家电有限责任公司 账号或住址：工商银行高新支行　16030058363803366	
汇款金额：伍拾柒万元整	
实际结算金额:(大写)　伍拾陆万壹仟陆佰元整	561 600.00

实际结算金额:(大写)	千	百	十	万	千	百	十	元	角	分
伍拾陆万壹仟陆佰元整										

汇款人：

账号或地址：

签发行：

汇款用途：贷款

签发行签章：

2010年10月15日

多余金额									
千	百	十	万	千	百	十	元	角	分
			7	8	4	0	0	0	0

左列退回多余金额已收入你账户内。

财务主管：

经办：

原始凭证 3——收料单

收　料　单

供货单位：滨江物资公司　　　　2010 年 10 月 15 日

类别	名称	单位	数量		实际成本元			
			应收	实收	单价	金额	运费	合计
材料	甲材料	千克	320	320				
备注：无短缺。								

仓库部门负责人：汪洋　　验收人：路宏　　仓库保管人：张立

4. 2010 年 10 月甲材料本月发出情况如下表，填写发出存货成本表。

原始凭证——材料收发料表

材料收发料表

品名：甲材料　　　　年　月　日

2010年		摘要	入库		发出	结存数量
月	日		数量	单价	数量	
10	1	期初数				50（单价1 200元）
	7	购入	100	1 300		
	10	发出			70	
	15	购入	320	1 500		
	20	发出			100	
	25	发出			200	

甲材料明细账

2010年		凭证		摘要	收入			发出			结存		
月	日	字	号		数量	单价	金额	数量	单价	金额	数量	单价	金额

5. 2010 年 10 月 31 日齐鲁小家电有限责任公司汇总本月领用乙材料，相关原始凭证如下：

原始凭证——发料凭证汇总表

发料凭证汇总表

2010 年 10 月 31 日

日期	领料单张数	贷方科目	借方科目				
			生产成本 丙产品	制造费用	管理费用	其他业务成本	合计
1～15 日	5 张	原材料—乙	50 000	1 000	500		51 500
15～30 日	10 张	原材料—乙	60 000	2 000		500	62 500
合计			110 000	3 000	500	500	114 000

财务主管：赵一　　记账：张力　　审核：赵一　　制单：张立

6. 2010 年 10 月 31 日，财产清查中，发现材料盘亏，原因待查。

原始凭证——财产清查报告单

财产清查报告单

2010 年 10 月 31 日

财产名称	单位	单价	账面数量	实存数量	盘盈		盘亏		盘亏原因
					数量	金额	数量	金额	
乙材料	千克	600	100	98			2	1 200	待查
合　计			100	98			2	1 200	
处理意见	审批部门				清查小组			使用保管部门	

主管：汪洋　　保管使用：张立　　制单：刘芳　　审批：王强

7. 2010 年 10 月 6 日，齐鲁小家电有限责任公司委托青岛黄岛公司生产丙产品一批，按实际成本法核算。相关原始凭证如下：

委托加工物资发料单

材料类别：原材料　　凭证编号：34

加工单位：黄岛公司　　加工产品名称：丙产品

合同编号：11345　　发料仓库：4 号

2010 年 10 月 6 日

材料编号	材料名称	计量单位	数量	计划单位成本	金额	材料成本差异
	乙材料	千克	50	800	40 000	200
完成日期：		2010 年 10 月 25 日			备注	

记账：张力　　发料：张立　　制单：曹国栋

8. 2010 年 10 月 25 日收回加工完毕的丙产品，加工费 1000 元，开具转账支票支付。

原始凭证 1——转账支票

中国工商银行 转账支票存根（鲁） CM/02 02568910 附加信息 ____ 出票日期：年 月 日 收款人： 金　额： 用　途： 单位主管：　会计：	中国工商银行转账支票（鲁）　CM/02 02568910 签发日期（大写）　年　月　日　付款行名称： 收款人：　出票人账号： 人民币（大写）　千 百 十 万 千 百 十 元 角 分 用途： 上列款项请从我账号内支付 出票人签章：　复核：　记账

原始凭证 2——运费发票

山东省公路货运收费发票

发　票　联

运输号码：69874　　No 0051245

发站		青岛	到站	济南	车种车号			货物自重	
集装箱型			运到期限		保价金额			运价里程	
收货人	全称	齐鲁小家电有限责任公司		托运人	全称	黄岛公司		现付费用	
	地址	黄海路 568 号			地址	认知路 23 号		项目	金额
货物名称		件数	货物重量	计费重量	运价号	运价率	附记	运费	500.00
丙产品			120 件						
发货人声明事项									
铁路声明事项								合计	500.00

第二联　报销凭证

原始凭证 3——委托加工物资入库单

委托加工入库单

材料类别：丙产品　　凭证编号：36

加工单位：黄岛公司

合同编号：11345　　发料仓库：5 号仓库

2010 年 10 月 25 日

加工完成收回产品			耗用材料				运杂费	加工费
名称	数量	金额	材料名称	数量	计划成本	成本差异		
丙产品	120 件		乙材料	50	800	200		

任务四　原材料计划成本实训

一、能力目标

1. 能识记《企业会计准则——存货》等存货实务会计处理的有关规定；

2. 能熟悉材料物资核算岗位和库存商品核算岗位的职责，能够运用所学知识并根据原始凭证分析经济业务，熟练进行原材料计划成本下的会计处理；

3. 能运用会计基本理论知识解释存货信息生产过程；

4. 能解决存货会计处理过程中的常见问题；

5. 能初步具有相应的会计职业判断意识；

6. 能严格按照《企业会计准则》等政策法规要求规范操作。

二、任务描述

1. 设置“原材料”、“材料采购”、“材料成本差异”等明细账，登记期初余额；

2. 根据经济业务填制有关原始凭证；

3. 根据实训资料中的原始凭证，填制记账凭证，并将原始单据附于后面；

4. 月末，计算材料成本差异率，分配材料成本差异，完成发料凭证汇总表，编制记账凭证；

5. 根据记账凭证及原始凭证登记原材料、材料采购、材料成本差异等明细账；

6. 月末，核对“原材料”、“材料采购”、“材料成本差异”明细账余额，如不一致，查找原因，进行更正。

三、实训说明

1. 实训形式：分组实训，每组 2 人，一为仓库保管员，一为会计人员。

2. 实训时间：本项实训约需 120 分钟。

3. 实训用纸：多栏式账页；付款凭证；转账凭证；总分类账账页；数量金额式明细账。

4. 实训资料：齐鲁小家电有限责任公司原材料采用计划成本核算，甲材料计划单位成本为 1 000 元/千克，乙材料的计划单位成本为 800 元/千克。甲材料期初计划成本余额为 38 140 元，乙材料计划成本期初余额 120 000 元。期初材料成本差异借方余额 20 000 元。购进环节取得的运输单据中运输费按 7％计算增值税。存货的发出成本计价采用先进先出法，永续盘存制。

2010 年 10 月份发生以下业务，请填写空白原始凭证，并根据具体业务内容编制会计分录，填制记账凭证，并登记有关各账簿。

1. 齐鲁小家电有限责任公司 2010 年 10 月 2 日向江苏省金沙公司购进甲材料一批，货款共 304 200 元，开具转账支票付款并验收入库。相关原始凭证如下：

原始凭证 1——转账支票

中国工商银行
转账支票存根（鲁）
CM/02 02568911

附加信息 ________

出票日期：年　月　日
收款人：
金　额：
用　途：
单位主管：　　会计：

中国工商银行转账支票（鲁）　　CM/02 02568911

签发日期（大写）　　年　　月　　日　付款行名称：

收款人：______________________　出票人账号：

人民币（大写）	千	百	十	万	千	百	十	元	角	分

用途：

上列款项请从我账号内支付

出票人签章：　　复核：　　记账

齐鲁小家电有限责任公司 财务专用章

王强印

原始凭证 2——增值税发票

江苏省增值税专用发票

发票联　　开票日期：2010 年 10 月 2 日

购货单位	名称	齐鲁小家电有限责任公司				密码区	略		
	纳税人识别号	350603001112228							
	地址、电话	黄海路 568 号 0531－85262626							
	开户行及账号	工商银行高新支行 16030058363803366							
货物或应税劳务名称		规格型号	单位	数量	单价	金额		税率	税额
甲材料			千克	200	1 300.00	260 000		17%	44 200.00
价税合计（大写）		叁拾万肆仟贰佰元整				（小写）¥304 200.00			
销货单位	名称	金沙集团有限责任公司				备注			
	纳税人识别号	25669856002							
	地址、电话	长江路 23 号							
	开户行及账号	建设银行长江路办事处 236987444							

收款人：（章）　　复核：　　开票人：　　销货单位：

金沙集团有限公司 财务专用章

原始凭证 3——运费发票

铁路局运杂费专用发票

运输号码：69874　　江苏铁路局南京分局　　No 125698

发站	南京	到站	济南	车种车号			货物自重	
集装箱型		运到期限		保价金额			运价里程	
收货人 全称	齐鲁小家电有限责任公司		发货人 全称	金沙公司			现付费用	
收货人 地址	黄海路568号		发货人 地址	长江路23号			项目	金额
货物名称	件数	货物重量	计费重量	运价号	运价率	附记	运费	2000.00
甲材料		200千克					保险费	300.00
发货人声明事项								
铁路声明事项							合计	2300.00

第二联 报销凭证

收款人：宋海　　开票单位：（章）　　结算方式：转账

原始凭证 4——收料单

收　料　单

供货单位：金沙公司　　2010 年 10 月 8 日

类别	名称	单位	数量		实际成本			
			应收	实收	单价	金额	运费	合计
材料	甲材料	千克	200	200				
备注：计划成本1000元/千克								

仓库部门负责人：汪洋　　验收人：路宏　　仓库保管人：张立

2. 齐鲁小家电有限责任公司于 2010 年 10 月 5 日从山东新华技术有限责任公司采购进乙材料一批，材料已收并验收入库。相关原始凭证如下：

原始凭证 1——增值税发票

山东省增值税专用发票

发票联　　　开票日期：2010 年 10 月 5 日

购货单位	名称	齐鲁小家电有限责任公司				密码区	略	
	纳税人识别号	350603001112228						
	地址、电话	黄海路 568 号 0531－85262626						
	开户行及账号	工商银行高新支行 16030058363803366						
货物或应税劳务名称		规格型号	单位	数量	单价	金额	税率	税额
乙材料			千克	100	600.00	60 000.00	17%	10 200.00
价税合计（大写）		柒万零贰佰元整				（小写）￥70 200.00		
销货单位	名称	山东新华技术有限责任公司				备注		
	纳税人识别号	25669856056						
	地址、电话	解放路 2 号						
	开户行及账号	建设银行大河办事处 E65489111						

收款人：（章）　　　复核：　　　开票人：　　　销货单位：

原始凭证 2——收料单

收　料　单

供货单位：山东新华技术有限责任公司　　　　2010 年 10 月 5 日

类别	名称	单位	数量		实际成本			
			应收	实收	单价	金额	运费	合计
材料	乙材料	千克	100	100				
备注：计划成本 800 元/千克								

仓库部门负责人：汪洋　　　验收人：路宏　　　仓库保管人：张立

原始凭证 3——商业汇票

商业承兑汇票(存根)

签发日期:2010 年 10 月 5 日　　　　　　　　No　7250502

<table>
<tr><td rowspan="3">收款人</td><td>全　称</td><td>山东新华技术有限公司</td><td rowspan="3">收款人</td><td>全　称</td><td colspan="9">齐鲁小家电有限责任公司</td></tr>
<tr><td>账　号</td><td>26548911</td><td>账　号</td><td colspan="9">16030058363803366</td></tr>
<tr><td>开户银行</td><td>建设银行大河办事处</td><td>开户银行</td><td colspan="9">工行新支行</td></tr>
<tr><td rowspan="2">汇票金额</td><td colspan="4" rowspan="2">人民币(大写)　柒万零贰佰元整</td><td>百</td><td>十</td><td>万</td><td>千</td><td>百</td><td>十</td><td>元</td><td>角</td><td>分</td></tr>
<tr><td></td><td>￥</td><td>7</td><td>0</td><td>2</td><td>0</td><td>0</td><td>0</td><td>0</td></tr>
<tr><td colspan="2">汇票到期日</td><td>2011 年 4 月 5 日</td><td colspan="2">合同号码</td><td colspan="9">32564</td></tr>
<tr><td colspan="4">备注:
本汇票已经本单位承兑,到期日无条件支付票据款。此致
付款人盖章</td><td colspan="10">负责人:　　　　经办人:</td></tr>
</table>

3. 齐鲁小家电有限责任公司于 2010 年 10 月 13 日向金沙公司购进甲材料一批,货款共 456 300 元,开具转账支票支付。

原始凭证 1——转账支票

<table>
<tr><td rowspan="4">中国工商银行
转账支票存根（鲁）
CM/02 02568912

附加信息 ________
____
____
出票日期：年　月　日
收款人：________
金　额：________
用　途：________
单位主管：　会计：</td><td colspan="11">中国工商银行转账支票（鲁）　CM/02 02568912
签发日期（大写）　年　月　日　付款行名称：
收款人：________　出票人账号：</td></tr>
<tr><td rowspan="2">人民币
（大写）</td><td>千</td><td>百</td><td>十</td><td>万</td><td>千</td><td>百</td><td>十</td><td>元</td><td>角</td><td>分</td></tr>
<tr><td></td><td></td><td></td><td></td><td></td><td></td><td></td><td></td><td></td><td></td></tr>
<tr><td colspan="11">用途：________
上列款项请从我账号内支付

出票人签章：　　复核：　　记账：</td></tr>
</table>

原始凭证 2——增值税发票

山东省增值税专用发票

发票联　　　开票日期：2010 年 10 月 13 日

<table>
<tr><td rowspan="4">购货单位</td><td>名称</td><td colspan="3">齐鲁小家电有限责任公司</td><td rowspan="4">密码区</td><td colspan="3" rowspan="4">略</td></tr>
<tr><td>纳税人识别号</td><td colspan="3">350603001112228</td></tr>
<tr><td>地址、电话</td><td colspan="3">黄海路 568 号 0531－85262626</td></tr>
<tr><td>开户行及账号</td><td colspan="3">工商银行高新支行 16030058363803366</td></tr>
<tr><td colspan="2">货物或应税劳务名称</td><td>规格型号</td><td>单位</td><td>数量</td><td>单价</td><td>金额</td><td>税率</td><td>税额</td></tr>
<tr><td colspan="2">甲材料</td><td></td><td>千克</td><td>300</td><td>1 300.00</td><td>390 000.00</td><td>17%</td><td>66 300.00</td></tr>
<tr><td colspan="2"></td><td></td><td></td><td></td><td></td><td></td><td></td><td></td></tr>
<tr><td colspan="2"></td><td></td><td></td><td></td><td></td><td></td><td></td><td></td></tr>
<tr><td colspan="2">价税合计（大写）</td><td colspan="4">肆拾伍万陆仟叁佰元整</td><td colspan="3">（小写）￥456 300.00</td></tr>
<tr><td rowspan="4">销货单位</td><td>名称</td><td colspan="4">金沙公司有限公司</td><td rowspan="4">备注</td><td colspan="2" rowspan="4"></td></tr>
<tr><td>纳税人识别号</td><td colspan="4">25669[illegible]002</td></tr>
<tr><td>地址、电话</td><td colspan="4">长江路 23 号</td></tr>
<tr><td>开户行及账号</td><td colspan="4">建设银行长江路办事处 236987444</td></tr>
</table>

收款人：（章）　　复核：　　开票人：　　销货单位：

4. 2010 年 10 月 14 日上述材料验收入库。

原始凭证 1——收料单

收　料　单

供货单位：金沙集团　　　　2010 年 10 月 14 日

类别	名称	单位	数量		实际成本			
			应收	实收	单价	金额	运费	合计
材料	甲材料	千克	300	300				
备注：计划单价 1000 元/千克								

仓库部门负责人：汪洋　　验收人：路宏　　仓库保管人：张立

5. 2010 年 10 月 15 日收到从新华公司采购乙材料一批 200 千克，已验收入库。

原始凭证—收料单

收　料　单

供货单位：新华集团　　　　2010 年 10 月 15 日

类别	名称	单位	数量		实际成本			
			应收	实收	单价	金额	运费	合计
材料	乙材料	千克	200	200				
备注：计划单位价800元/千克，发票未收到								

仓库部门负责人：汪洋　　验收人：路宏　　仓库保管人：张立

6. 2010 年 10 月 21 日，领用甲材料。

原始凭证 1——领料单

领　料　单

领料部门：生产车间　　　　　　　　　　　　2010 年 10 月 21 日

<table>
<tr><th colspan="2">材料</th><th rowspan="2">单位</th><th colspan="2">数量</th><th rowspan="2">计划成本</th><th rowspan="2">金额</th><th rowspan="2">过账</th></tr>
<tr><th>名称</th><th>规格</th><th>请领</th><th>实发</th></tr>
<tr><td>甲材料</td><td></td><td>千克</td><td>150</td><td>150</td><td>1 000</td><td>150 000.00</td><td></td></tr>
<tr><td></td><td></td><td></td><td></td><td></td><td></td><td></td><td></td></tr>
<tr><td>工作单号</td><td></td><td rowspan="2">用途</td><td colspan="5" rowspan="2">生产丙产品</td></tr>
<tr><td>工作项目</td><td></td></tr>
</table>

会计：赵一　　　记账：张力　　　发料：张立　　　领料：黄易

原始凭证 2——材料成本差异率计算表

材料成本差异率计算表

年　月　日

单位：元

<table>
<tr><th></th><th>材料实际成本</th><th>材料计划成本</th><th colspan="2">计算</th></tr>
<tr><td>期初金额</td><td></td><td rowspan="2">1 000 元/千克</td><td colspan="2" rowspan="2">材料成本差异率=</td></tr>
<tr><td>本期增加</td><td></td></tr>
<tr><td>本期减少</td><td></td><td></td><td></td><td></td></tr>
</table>

记账：　　　　　　　　　　制单：

7. 2010 年 10 月 31 日，前 10 月 15 日收到的乙材料发票仍未收到。

任务五　交易性金融资产实训

一、能力目标

1. 能识记《企业会计准则——金融工具确认和计量》中有关交易行金融资产实务会计处理的有关规定；

2. 能熟悉相应岗位的职责，能够运用所学知识并根据原始凭证分析经济业务，熟练进行交易性金融资产的会计处理；

3. 能运用会计基本理论知识解释交易性金融资产信息生成过程；

4. 能解决交易性金融资产会计处理过程中的常见问题；

5. 能初步具有相应的会计职业判断意识；

6. 能严格按照《企业会计准则》等政策法规要求规范操作。

二、任务描述

1. 根据经济业务资料计算交易性金融资产公允价值变动损益；
2. 根据经济业务填制有关原始凭证；
3. 根据实训资料中的原始凭证，填制记账凭证，并将原始单据附于后面。

三、实训资料

齐鲁小家电有限责任公司为了提高闲置资金的收益率，2010 年利用闲置资金以赚取差价为目的从二级市场上购买股票。齐鲁小家电有限责任公司在齐鲁证券公司开设了资金账户，委托齐鲁证券买卖股票。股票交易税费包括印花税、佣金、过户费。为了简化核算，公司在每年的 6 月 30 日和 12 月 31 日对交易性金融资产的公允价值进行调整。

2010 年齐鲁小家电有限责任公司交易性金融资产有关业务如下，根据有关原始凭证，编制会计分录，填制记账凭证，并登记有关账簿。

1. 2010 年 2 月 1 日，从工商银行基本户向证券资金账户划入 20 万元。

原始凭证一银行转账回单

中国工商银行银证转账回单

2010 年 2 月 1 日

客户名称	齐鲁小家电有限责任公司	证券公司名称	齐鲁证券公司	券商代码	600002
开户银行	工商银行高新支行	证券公司营业部	高新区营业部	证券机构号	2056
注册账户	45011823562	证券资金账号	6000002205645		
银行结算账户余额	￥1 560 000.00				
转账金额	￥200 000.00				
转账大写金额	人民币：贰拾万元整				

中国工商银行高新支行 2010.2.1 转讫

2. 2010 年 2 月 1 日，购入中石化股票 5000 股，并准备随时变现，每股 30 元，同时支付相关税费 905 元。

原始凭证—成交过户交割单

成交过户交割单

01/02/10	齐鲁证券高新区营业部	成交过户交割凭单	证券买入
股东号码	[illegible]25640003	证券名称	中石化（600028）
股东名称	齐鲁小家电有限责任公司	成交数量	5 000
公司代码	370126	成交价格	30.00
委托序号	300112	成交金额	150 000.00
申报时间	132100	标准佣金	300.00
成交时间	132108	印花税	450
		过户费	150
		委托费	5
		实付金额	150 905.00
上次股票余额	0	本次股票余额	5 000
		当日资金余额	49 095.00

3.6 月 21 日，中石化宣告发放现金股利，每 10 股派送现金红利 1.2 元(税后)。

中国石油化工股份有限公司 2010 年度股东大会决议公告

一、会议召开和出席情况

……

二、提案审议情况

……

4. 审议通过了《2010 年度利润分配方案》：

以公司 2009 年年末总股本 6 551 029 090 股为基数，每 10 股派送现金红利 1.2 元（税后）。

5. ……

三、律师见证情况

……

四、备查情况

……

中国石油化工股份有限公司

2010 年 6 月 21 日

4. 2010 年 6 月 30 日，中石化收盘价 32.56 元。试填写下列表格，并编制会计分录。

公允价值变动损益计算表

2010 年 6 月 30 日

单位：元

交易性金融资产	数量	市场价格	账面价值	公允价值变动损益
中石化				

会计：张力　　复核：赵一　　制表：张力

5. 8 月 15 日，收到中石化的现金股利。

成交过户交割单

15/08/10	齐鲁证券高新区营业部	成交过户交割凭单	红利入账
股东号码	A25640003	证券名称	中石化（600028）
股东名称	齐鲁小家电有限责任公司	成交数量	5 000
公司代码	370126	成交价格	0.12
委托序号	300112	成交金额	600.00
申报时间	130000	标准佣金	
成交时间	130508	印花税	
		过户费	
		委托费	
		实收金额	600.00
上次股票余额	5 000	本次股票余额	5 000
		当日资金余额	99 695.00

6. 10 月 20 日，以每股 36 元的价格转让所有 5000 股中石化股票，同时支付相关税费 1085 元。

成交过户交割单

20/10/10	齐鲁证券高新区营业部	成交过户交割凭单	证券卖出
股东号码	A25640003	证券名称	中石化（600028）
股东名称	[illegible]家电有限责任公司	成交数量	5 000
公司代码	370126	成交价格	36
委托序号	300112	成交金额	180 000.00
申报时间	130000	标准佣金	360
成交时间	130508	印花税	540
		过户费	180
		委托费	5
		实收金额	178 915
上次股票余额	5 000	本次股票余额	0
		当日资金余额	228 610.00

任务六　固定资产实训

一、能力目标

1. 能识记《企业会计准则——固定资产》、《企业会计准则——资产减值》等固定资产实务会计处理的有关规定；

2. 能熟悉固定资产核算岗位的职责，能够运用所学知识根据原始凭证分析经济业务，熟练进行固定资产实务的会计处理；

3. 能运用会计基本理论知识解释固定资产信息生成过程；

4. 能解决固定资产会计处理过程中的常见问题；

5. 能初步具有相应的会计职业判断意识；

6. 能严格按照《企业会计准则》等政策法规要求规范操作。

二、任务描述

1. 根据经济业务资料计算固定资产入账价值、折旧金额、应计提减值准备等；
2. 根据经济业务填制有关原始凭证；
3. 根据实训资料中的原始凭证，填制记账凭证，并将原始单据附于后面。

三、实训资料

（一）实训流程

根据提供的有关原始凭证，编制记账凭证，据以登记账簿。

（二）实训设计

1. 实训形式：单人独立实训；
2. 实训时间：本项实训约需 90 分钟；
3. 实训用纸：收款凭证；付款凭证；转账凭证。固定资产明细账，备查账。

齐鲁小家电有限责任公司是增值税一般纳税人，企业生产一种丙产品，需要用甲、乙两种原材料。按直线法提取折旧。2010 年期初公司的固定资产明细如下：

固定资产明细表　　　　单位：元

名称	种类	购建日期	原价	折旧	净值	已用年限
车床	生产用设备	2007 年	240	20	180	3
办公楼	办公用房	2008 年	500	80	420	2
宿舍楼	福利设施	2008 年	200	40	160	2
车辆 3 辆	公用					
其他	工作用工具					

（三）实训内容

2010 年发生如下业务，根据有关原始凭证，编制会计分录，并填制记账凭证，登记有关账簿：

1. 2010 年 6 月 27 日，齐鲁小家电有限责任公司因为生产的需要，购建生产用车床机器设备一台，开具两张转账支票分别支付价款 3 510 000 元和运费 2 600 元，相关的原始凭证如下：

原始凭证 1——转账支票

中国工商银行
转账支票存根（鲁）
CM/02 02568915

附加信息 ________

出票日期：年　月　日
收款人：________
金　额：________
用　途：________
单位主管：　　会计：

中国工商银行转账支票（鲁）　　CM/02 02568915

签发日期（大写）　　年　　月　　日　付款行名称：
收款人：________　出票人账号：

人民币（大写）	千	百	十	万	千	百	十	元	角	分

用途：________
上列款项请从我账号内支付

齐鲁小家电有限责任公司 财务专用章
王强印

出票人签章：　　复核：　　记账

原始凭证 2——转账支票

中国工商银行
转账支票存根（鲁）
CM/02 02568916

附加信息 ________

出票日期：年　月　日
收款人：________
金　额：________
用　途：________
单位主管：　　会计：

中国工商银行转账支票（鲁）　　CM/02 02568916

签发日期（大写）　　年　　月　　日　付款行名称：
收款人：________　出票人账号：

人民币（大写）	千	百	十	万	千	百	十	元	角	分

用途：________
上列款项请从我账号内支付

齐鲁小家电有限责任公司 财务专用章
王强印

出票人签章：　　复核：　　记账

原始凭证 3——增值税发票

山东省增值税专用发票

发票联　　开票日期：2010 年 6 月 27 日

购货单位	名称	齐鲁小家电有限责任公司	密码区	略
	纳税人识别号	350603001112228		
	地址、电话	黄海路 568 号　0531－85262626		
	开户行及账号	工商银行高新支行　16030058363803366		

货物或应税劳务名称	规格型号	单位	数量	单价	金额	税率	税额
车床		台	1	3 000 000.00	3 000 000.00	17%	510 000.00
价税合计（大写）	叁佰伍拾壹万元整				（小写）¥3 510 000.00		

销货单位	名称	长安机器设备有限公司	备注	
	纳税人识别号	25669856002		
	地址、电话	山科路 56 号		
	开户行及账号	中国银行山科路办事处　2369890765		

收款人：（章）　　复核：　　开票人：　　销货单位：

原始凭证 4——运费发票

铁路局运杂费专用发票

运输号码：69874　　江苏铁路局南京分局　　№　125698

发站	南京	到站	济南	车种车号		货物自重	
集装箱型		运到期限		保价金额		运价里程	
收货人 全称	齐鲁小家电有限责任公司	发货人		全称	长安公司	现付费用	
收货人 地址	黄海路56[illegible]号			地址	山科路 56 号	项目	金额

货物名称	件数	货物重量	计费重量	运价号	运价率	附记	运杂费	2 600.00
车床	1 台	20 吨						
发货人声明事项								
铁路声明事项							合计	2 600.00

第二联　报销凭证

原始凭证 5—收据

收　　据

2010 年 6 月 28 日　　　　　　№ 848645867

<table>
<tr><td>付款单位</td><td>齐鲁小家电有限责任公司</td><td>收款单位</td><td>长安公司</td><td>收款项目</td><td colspan="9">劳务费</td></tr>
<tr><td rowspan="2" colspan="4">人民币（大写）壹仟元整</td><td rowspan="2"></td><td>百</td><td>十</td><td>万</td><td>千</td><td>百</td><td>十</td><td>元</td><td>角</td><td>分</td></tr>
<tr><td></td><td></td><td>¥</td><td>1</td><td>0</td><td>0</td><td>0</td><td>0</td><td>0</td></tr>
<tr><td colspan="2">收款事由：安装设备劳务费</td><td colspan="3">收款方式：现金　现金收讫</td><td colspan="9">经办人：王义</td></tr>
<tr><td colspan="2" rowspan="2">上述款项照数收讫无误
收款单位（财务章）</td><td>会计主管</td><td>稽核</td><td>出纳</td><td colspan="4">会计</td><td colspan="5">交款人</td></tr>
<tr><td>赵一</td><td>赵一</td><td>丁凡</td><td colspan="4">张力</td><td colspan="5">张云飞</td></tr>
</table>

原始凭证 6—固定资产验收单

固定资产验收单

2010 年 6 月 28 日

名称	单位	数量	价格	预计使用年限	使用部门
车床	台	1	300 万元	10 年	生产车间
备注：	需要安装的设备				

制单：路宏　　　　　　　　　　审核：曹国栋

2. 2010 年 10 月 6 日，齐鲁小家电有限责任公司收到万方公司捐赠的车辆一辆，原始凭证如下：

原始凭证 1——固定资产转移单

固定资产转移单

2010 年 10 月 6 日

捐赠单位：山东万方资源有限公司

接收单位：齐鲁小家电有限责任公司　　　　调拨单号：0019

调拨原因或依据：捐赠　　　　调拨方式：无偿

名称	型号	单位	数量	预计使用年限	已用年限	原值	折旧	净值
小轿车	奔驰 E320	辆	1	6	0	93.6	0	93.6
捐赠单位： 公章：略 财务：陈宇 经办：李辉					接受单位： 公章：略 财务：张力 经办：曾国栋			

会计主管：赵一　　　　稽核：赵一　　　　制单：张立

原始凭证 2——增值税发票

山东省增值税专用发票

发票联　　　　开票日期：2010 年 10 月 6 日

购货单位	名称	山东万方资源有限公司				密码区	略	
	纳税人识别号	313406031122289						
	地址、电话	民资路 145 号　0413－37606068						
	开户行及账号	农行本溪民资路支行 10058363803366						
货物或应税劳务名称		规格型号	单位	数量	单价	金额	税率	税额
奔驰 E320 轿车			台	1	800 000.00	800 000.00	17%	136 000.00
价税合计（大写）		玖拾叁万零陆仟元整				（小写）¥936 000.00		
销货单位	名称	本溪奔驰销售公司				备注		
	纳税人识别号	25669856002						
	地址、电话	民资路 56 号						
	开户行及账号	中国银行民资路办事处　2369675765						

收款人：（章）　　　　复核：　　　　开票人：　　　　销货单位：

3. 2010 年 12 月 25 日，齐鲁小家电有限责任公司收到东海市北方公司投资投入的辅助设备一台。

原始凭证 1——资产评估报告

山东振鲁会计师事务所文件
济南[2010]字第 221 号

★

资产评估报告

齐鲁小家电有限责任公司：

我所受贵单位的委托，依据《中华人民共和国国有资产评估办法》、《中华人民共和国注册会计师法》和《工业企业会计制度》等规定，对贵公司接受北方公司投入的辅助设备一台进行评估。原始价值 450 000 元，已提折旧 150 000 元，固定资产按照净值评估确定价值为 300 000 元。

评估员：王俊
中国注册会计师：张帆

山东振鲁会计师事务所（公章）
2010 年 12 月 25 日

原始凭证 2——固定资产验收单

固定资产验收单

2010 年 12 月 25 日

名称	单位	数量	价值	预计使用年限	使用部门
辅助设备	台	1	300 000.00	10 年	生产车间
备注	需要安装的设备				

制单：张力　　　　审核：曹国栋

4. 2010 年，针对 2010 年 6 月底购买的车床，因为其技术的更新速度非常快，特提出申请，经批准允许采用年数总和法计提折旧。请填写下列折旧计算表，编制 2010 年该设备提取折旧的会计分录。

原始凭证 1——固定资产折旧计算表

固定资产折旧计算表

单位：元

年限	原值	净残值	折旧率	当年折旧	累计折旧	备注
第一年	3 003 600	3 600				
第二年	3 003 600	3 600				
第三年	3 003 600	3 600				
第四年	3 003 600	3 600				
第五年	3 003 600	3 600				
合计	---	---				

5. 2010 年 12 月计提本月其他固定资产折旧，具体资料如下：

原始凭证 1——固定资产折旧计算表

固定资产折旧计算表

2010 年 12 月

单位：元

资产类别	使用寿命	净残值率	月折旧率	生产车间	管理部门	销售机构	合计
房屋及建筑物	30 年	4%	0.8%	1 000	6 040	680	7 720
机器设备	7.5 年	6.4%	1.2%	15 600	-	-	15 600
其他	13.5	2.8%	0．6%	5 400	1 800	1 220	8 420
合计				22 000	7 840	1 900	31 740

制单：李俊　　　　稽核：赵一

6. 2010 年 12 月 30 日，计提固定资产减值准备。

原始凭证 1——固定资产减值准备计算表

固定资产减值准备计算表

2010 年 12 月 30 日

单位：元

固定资产账面余额	计提比例	固定资资产减值准备额
2 450 万	0.1%	24 500

制表：李俊　　　　审批：王强

7.2010 年 12 月 31 日，结束对车间设备进行的改造，资料如下：

原始凭证 1——固定资产移交单

固定资产移交单

2010 年 12 月 1 日

资产名称	原值	累计折旧	减值准备	净值
车床	240 万元	80 万元	0	160 万元
备注：大改造移交				

原始凭证 2——设备改造工程决算书

设备改造工程决算书

工程项目	生产车间车床改造	施工方式	出包工程
预算价	87 000	决算价	87 000
累计已付金额：67 000			
决算应付金额：87 000			

总工程师：海欣　　　　会计：张力

原始凭证 3——项目竣工验收单

项目竣工验收单

批准文号：23089　　　　填报日期：2010 年 12 月 31 日　单位：元

<table>
<tr><td rowspan="2">项目</td><td>名称</td><td>车床改造</td><td rowspan="2">金额</td><td>批准</td><td>80 000</td><td rowspan="2">日期</td><td>批准</td><td>2010.11</td></tr>
<tr><td>性质</td><td>改造</td><td>实际</td><td>87 000</td><td>完成</td><td>2010.12</td></tr>
<tr><td rowspan="4">支出明细</td><td rowspan="2"></td><td rowspan="2">修理工时费用</td><td colspan="6">消耗费用支出</td></tr>
<tr><td colspan="2">材料消耗</td><td colspan="2">人工消耗</td><td colspan="2">其他</td></tr>
<tr><td>计划</td><td>3 000</td><td colspan="2">60 000</td><td colspan="2">9 000</td><td colspan="2">8 000</td></tr>
<tr><td>实际</td><td>3 000</td><td colspan="2">60 000</td><td colspan="2">9 800</td><td colspan="2">14 200</td></tr>
<tr><td colspan="2">验收意见</td><td colspan="7">经验查，质量达到原设计要求，同意交付使用。</td></tr>
<tr><td colspan="2" rowspan="2">验收人员</td><td colspan="3">使用部门：曹国栋</td><td colspan="2">安全员</td><td colspan="2">路宏</td></tr>
<tr><td colspan="3">车间：杨齐</td><td colspan="2">财务科</td><td colspan="2">张力</td></tr>
</table>

主管：赵一　　　　经办人：叶晨

原始凭证 4——转账支票

中国工商银行 转账支票存根（鲁） CM/02 02568917 附加信息 ________ ________ ________ 出票日期： 年 月 日 收款人：________ 金 额：________ 用 途：________ 单位主管： 会计：	中国工商银行转账支票（鲁） CM/02 02568917 签发日期（大写） 年 月 日 付款行名称： 收款人：________ 出票人账号： 人民币（大写） 千 百 十 万 千 百 十 元 角 分 用途：________ 上列款项请从我账号内支付 出票人签章： 复核： 记账 （印章：齐鲁小家电有限责任公司 财务专用章）（印章：王强印）

8. 2010 年 10 月齐鲁小家电有限责任公司将暂时闲置的一仓库租赁出去，相关原始凭证如下：

原始凭证 1——固定资产租赁合同

固定资产租赁合同

2010 年 10 月

出租单位名称	齐鲁小家电有限公司	租入单位	尚义销售有限公司	
固定资产名称	产成品仓库	原始价值	116 000	备注
租金	每月 9 600元	租赁期限	1年	

仓库负责人：汪[illegible]　　财务主管：赵一　　经手人：张[illegible]

（印章：齐鲁小家电有限责任公司 业务专用章）（印章：尚义销售有限公司 业务专用章）

原始凭证 2——银行进账单

中国工商银行进账单（收账通知）　1

收款人	全称	齐鲁小家电有限责任公司	付款人	全称	尚义销售有限公司
	账号	16030058363803366		账号	15302253677804587
	开户行	工商银行高新支行		开户行	建设银行兴安支行

人民币：（大写）玖仟陆佰元整	千	百	十	万	千	百	十	元	角	分
				¥	9	6	0	0	0	0

票据种类	转账支票	
票据张数	1	
单位主管 会计 复核 记账		收款人开户行签章

（印章：中国工商银行高新支行 2010.10.25 转讫）

9. 2010 年 10 月 30 日，原 1992 年 10 月购买的烧水锅炉报废，相关原始凭证如下：

原始凭证 1——固定资产清理报废单

固定资产清理报废单

2010 年 10 月 30 日 签发

主管部门：后勤服务部				使用单位：齐鲁小家电有限责任公司					
名称及型号	单位	数量	原始价值	已提折旧	净值	预计使用年限	实际使用年限	清理费	变价收入
锅炉	台	1	86 000	75 000	11 000	20	18	1 500	9 000
建造单位		建造年份		出厂号		申请报废原因：			
工程锅炉厂		1992 年				老化，不能满足需要			

主管人：李长青　　单位公章：　　经办人：路宏

原始凭证 2——增值税发票

山东省增值税专用发票

发票联　　开票日期：2010 年 10 月 30 日

购货单位	名称	济南市物资回收公司				密码区	略	
	纳税人识别号	621008546372915						
	地址、电话	振兴街 3 号						
	开户行及账号	农业银行元丰办事处 456788910						
货物或应税劳务名称		规格型号	单位	数量	单价	金额	税率	税额
废旧材料				1	9 000.00	9 000.00	17%	1 530.00
价税合计（大写）		壹万零伍佰叁拾元整				（小写）￥10 530.00		
销货单位	名称	齐鲁小家电有限责任公司				备注		
	纳税人识别号	350603001112228						
	地址、电话	黄海路 568 号 0531－85262626						
	开户行及账号	工商银行高新支行 16030058363803366						

收款人：（章）　　复核：　　开票人：　　销货单位：

原始凭证 3——银行进账单

中国工商银行进账单（收账通知）

收款人	全称	齐鲁小家电有限责任公司	付款人	全称	济南物资回收公司
	账号	16030058363803366		账号	456788910
	开户行	工商银行高新支行		开户行	农业银行元丰办事处

人民币：（大写）壹万零伍佰叁拾元整	千	百	十	万	千	百	十	元	角	分
			¥	1	0	5	3	0	0	0

票据种类	转账支票	
票据张数	1	
单位主管　会计　复核　记账		收款人开户行签章

原始凭证 4——转账支票

中国工商银行 转账支票存根（鲁） CM/02 02568918 附加信息 ________ ________ ________ 出票日期：年　月　日 收款人：________ 金　额：________ 用　途：________ 单位主管：　会计：	中国工商银行转账支票（鲁）　CM/02 02568918 签发日期（大写）　年　月　日　付款行名称： 收款人：________　出票人账号： 人民币（大写）　千 百 十 万 千 百 十 元 角 分 用途：________ 上列款项请从我账号内支付 出票人签章：　复核：　记账

10.2010 年 12 月 10 日，销售不需用固定资产一台，相关资料如下：

原始凭证 1——固定资产调拨单

固定资产调拨单

2010 年 12 月 10 日

调出单位：齐鲁小家电有限责任公司

调入单位：肖南公司　　　　调拨单号：0023

调拨原因或依据：销售　　　　调拨方式：有偿

名称	型号	单位	数量	预计使用年限	已用年限	原值	折旧	净值	售价
打磨机	（不需用）	台	1	15	4	42000	11200	30800	34000

调出单位：	调入单位：
公章：略	公章：略
财务：张力	财务：王敏
经办：张立	经办：李芳

会计主管：赵一　　　稽核：张力　　　制单：陈兵

原始凭证 2——银行进账单

中国工商银行进账单　收账通知　3

收款人		付款人	
全称	齐鲁小家电有限责任公司	全称	肖南公司
账号	160300583638033366	账号	1006788910
开户行	工商银行东[illegible]支行	开户行	招商银行解放路支行

人民币：（大写）叁万肆仟元整	千	百	十	万	千	百	十	元	角	分
			¥	3	4	0	0	0	0	0

票据种类	转账支票
票据张数	1
单位主管　会计　复核　记账	收款人开户行签章

中国工商银行高新支行 2010.12.11 转讫

11. 2010年年末盘点企业固定资产，情况如下：

原始凭证——财产清查报告单

财产清查报告单

2010年12月31日

类别	名称规格	单位	单价	账面数量	实物数量	盘盈		盘亏		盈亏原因
						数量	金额	数量	金额	
	电脑	台	5 000	10	9			1	5 000	待查
合计				10	9			1	5 000	

财务：张力　　审批：赵一　　保管使用：王梅　　制单：刘芳

任务七　无形资产实训

一、能力目标

1. 能识记《企业会计准则——无形资产》等无形资产实务会计处理的有关规定；
2. 能熟悉相应岗位的职责，能够运用所学知识根据原始凭证分析经济业务，熟练进行无形资产的会计处理；
3. 能运用会计基本理论知识解释无形资产信息生产过程；
4. 能解决无形资产会计处理过程中的常见问题；
5. 能初步具有相应的会计职业判断意识；
6. 能严格按照《企业会计准则》等政策法规要求规范操作。

二、任务描述

1. 设置"无形资产"、"累计摊销"、"无形资产减值准备"等明细账，登记期初余额；
2. 根据经济业务填制有关原始凭证；
3. 根据实训资料中的原始凭证，填制记账凭证，并将原始单据附于后面；
4. 根据记账凭证及原始凭证登记无形资产、累计摊销明细账。

三、实训资料

齐鲁小家电有限责任公司执行《新会计准则》，无形资产2010年无形资产有关业务资料如下，请根据有关原始凭证，编制会计分录，填制记账凭证，并登记有关账簿。

1. 2010年1月4日向山东科技大学研究所购买一项专利，预计使用年限为6年，详

细资料如下。

原始凭证 1——无形资产转让发票

山东省青岛市转让无形资产专用发票

开票日期：2010 年 1 月 4 日

发票号码：37018745

付款户名	齐鲁小家电有限公司					付款方式				转账支票				
合同登记号	合同类别	项目名称	单位	数量	单价	金额								
						百	十	万	千	百	十	元	角	分
科技字 2301	专利权转让合同	高温加固专利	项	1	240 000.00	￥	2	4	0	0	0	0	0	0
合计	人民币（大写）：贰拾肆万元整					￥240 000.00								
备注	专利法律保护时间还有 15 年。													

开票人：上官方　　　　收款人：徐丽　　　　收购单位盖章：

原始凭证 2——转账支票

中国工商银行 转账支票存根（鲁） CM/02 02568919 附加信息 ________ ________ ________ 出票日期：年　月　日 收款人：________ 金　额：________ 用　途：________ 单位主管：　　会计：	中国工商银行转账支票（鲁）　CM/02 02568919 签发日期（大写）　年　月　日　付款行名称： 收款人：________　出票人账号： 人民币（大写）　千｜百｜十｜万｜千｜百｜十｜元｜角｜分 用途：________ 上列款项请从我账号内支付 出票人签章：　　复核：　　记账

2. 2010 年 6 月 14 日，向天津金华电器加工有限公司支付 10 万元取得一项防腐防锈的专有技术使用权，无限期使用。

原始凭证 1——无形资产转让发票

天津市转让无形资产专用发票

开票日期：2010 年 6 月 14 日　　　　　　　　发票号码：24138745

付款户名	齐鲁小家电有限责任公司					付款方式					转账支票			
合同登记号	合同类别	项目名称	单位	数量	单价	金额								
						百	十	万	千	百	十	元	角	分
科技字2845	专有技术转让合同	防腐防锈专利	项	1	10万	¥	1	0	0	0	0	0	0	0
合计	人民币（大写）：壹拾万元整					¥100 000.00								
备注	无限期使用													

开票人：徐帆　　　　收款人：梅里　　　　收购单位盖章：

原始凭证 2——转账支票

中国工商银行
转账支票存根（鲁）
CM/02 02568916

附加信息 ________

出票日期：　年　月　日
收款人：________
金　额：________
用　途：________
单位主管：　　会计：

中国工商银行转账支票（鲁）　　CM/02 02568916

签发日期（大写）　　年　　月　　日　付款行名称：
收款人：________　　出票人账号：

人民币（大写）	千	百	十	万	千	百	十	元	角	分

用途：________
上列款项请从我账号内支付

出票人签章：　　　　复核：　　　　记账：

3. 2010 年 12 月 31 日，无形资产摊销。填写下列表格并编制会计分录。

无形资产摊销计算表

2010 年 12 月 31 日

单位：元

项目	使用部门	原值	预计可使用年限	月摊销额
高温加固专利	生产部门	24 万元	6	
防腐防锈技术	生产部门	10 万元	不确定	
土地使用权	生产部门	300 万元	50 年	
土地使用权	管理部门	200 万元	50 年	
用友财务软件	管理部门	5 万元	5 年	

会计：张力　　　　复核：赵一　　　　制表：刘芳

4.2010 年 12 月 31 日对无形资产进行减值测试,具体资料如下,编制会计分录。

原始凭证 1——董事会决议

齐鲁小家电有限责任公司董事会决议

齐鲁小家电有限责任公司于2010 年 12 月 31 日在公司会议室召开董事会会议。会议审议通过了以下决议:

1.……

2.……

3.……

4. 2010 年 1 月 4 日购入的高温加固专利权, 截至 2010 年 12 月 31 日, 账面价值为________元,由于新技术的产生,该专利权预计未来现金流量降低为 16 万元,预计 2010 年 12 月 31 日该专利的公允价值减去处置费用后的净额为17 万元,其可收回金额为______。账面价值大于可收回金额,该项专利权已经发生减值,根据《企业会计准则》,按账面价值和可收回金额的差额计提减值准备_________元。

……

本决议符合《中华人民共和国公司法》的规定。

出席会议的董事签名:

2010 年 12 月 31 日

原始凭证 2——无形资产减值计算表

无形资产减值计算表

2010 年 12 月 31 日

单位:元

项目	原值	累计摊销	已提减值准备	预计可收回金额	计提减值准备
合计					

会计:张力　　复核:赵一　　制表:丁琳

5.2011 年 1 月 10 日,齐鲁小家电有限责任公司将高温加固专利对外出售,相关资料如下,填写相关表格并编制会计分录。

原始凭证 1——无形资产转让发票

山东省转让无形资产专用发票

开票日期：2011 年 1 月 10 日　　　　　　　　　　发票号码：3701254985

付款户名	滨州市朝颐有限公司					付款方式				转账支票				
合同登记号	合同类别	项目名称	单位	数量	单价	金额								
						百	十	万	千	百	十	元	角	分
科技字3562	专利权转让合同	高温加固专利	项	1	190 000.00	¥	1	9	0	0	0	0	0	0
合计	人民币（大写）：壹拾玖万元整								¥190 000.00					
备注														

开票人：林江　　　　　收款人：丁凡　　　　　收购单位盖章：

原始凭证 2——转让损益计算表

无形资产转让损益计算表

2011 年 1 月 10 日

单位：元

项目	高温加固专利	受让单位	滨州市朝颐有限公司
无形资产原值		累计摊销	
减值准备		转让收入	
转让税费		净收益	

会计：张力　　　　　复核：赵一　　　　　制表：

原始凭证 3——银行对账单

中国工商银行进账单（收账通知）　3

<table>
<tr><td rowspan="3">收款人</td><td>全称</td><td>齐鲁小家电有限责任公司</td><td rowspan="3">付款人</td><td>全称</td><td colspan="10">滨州市期颐有限公司</td></tr>
<tr><td>账号</td><td>16030058363803366</td><td>账号</td><td colspan="10">37160456788910</td></tr>
<tr><td>开户行</td><td>工商银行东海支行</td><td>开户行</td><td colspan="10">农业银行元丰办事处</td></tr>
<tr><td colspan="5" rowspan="2">人民币：（大写）壹拾玖万元整</td><td>千</td><td>百</td><td>十</td><td>万</td><td>千</td><td>百</td><td>十</td><td>元</td><td>角</td><td>分</td></tr>
<tr><td></td><td>¥</td><td>1</td><td>9</td><td>0</td><td>0</td><td>0</td><td>0</td><td>0</td><td>0</td></tr>
<tr><td colspan="2">票据种类</td><td colspan="3">转账支票</td><td colspan="10" rowspan="3">收款人开户行签章</td></tr>
<tr><td colspan="2">票据张数</td><td colspan="3">1张</td></tr>
<tr><td colspan="5">单位主管　　会计　　复核　　记账</td></tr>
</table>

中国工商银行高新支行
2011.1.10
转讫

任务八　流动负债实训

一、能力目标

1. 能识记《企业会计准则——负债》等负债会计处理的有关规定；
2. 能熟悉资金往来核算岗位和薪酬核算岗位以及税务核算岗位的职责；
3. 能运用会计基本理论知识解释流动负债核算过程；
4. 能解决流动负债会计处理过程中的常见问题；
5. 能初步具有相应的会计职业判断意识；
6. 能严格按照《企业会计准则》等政策法规要求规范操作。

二、任务描述

1. 设置“应付账款”、“应付职工薪酬”、“应交税费”等科目明细账，登记期初余额；
2. 根据经济业务填制有关原始凭证；
3. 根据实训资料中的原始凭证，填制记账凭证，并将原始单据附于记账凭证后面；
4. 根据记账凭证及原始凭证登记应付账款、应交税费、应付职工薪酬等明细账；
5. 月末，核对“应付账款”、“应交税费”、“应付职工薪酬”等账户余额，如不一致，查找原因，进行更正。

三、实训材料

1. 实训形式：分组实训，每组 3 人，分别负责往来账中应付账款以及应付职工薪酬和应交税费的业务处理。

2. 实训时间：本项实训约需 120 分钟。

3. 实训用品：三栏式明细账页；转账凭证；总分类账账页；转账支票。

四、实训资料

(一)2010 年 1 月 1 日有关期初余额

单位：元

总账科目	明细科目	期初余额	
		借方	贷方
短期借款	中国工商银行		5 000 000.00
应付账款	宝山钢铁厂		23 400.00
	山东天星配件厂		76 050.00
	山东梅岭机械厂		
应付票据	天津伟丰有限责任公司		40 000.00
	武汉钢铁厂		117 000.00
其他应付款	养老保险金等		
应付职工薪酬	应付工资		100.00
应交税费	应交所得税		4 000.00

(二)2010 年 1 月 1～31 日涉及应付款项的经济业务如下，根据有关原始凭证，编制会计分录，填制记账凭证，并登记有关账簿

1. 1 月 5 日从山东梅岭机械厂采购配件，收到增值税专用发票，货款 50 000 元，增值税 8 500 元，已验收入库，货款尚未支付。

原始凭证 1——增值税发票

山东省增值税专用发票

发票联　　　开票日期：2010 年 1 月 5 日

购货单位	名称	齐鲁小家电有限责任公司					密码区	略
	纳税人识别号	370603001112228						
	地址、电话	高新区黄海路 568 号 0531-88262626						
	开户行及账号	工行高新支行 16030058363803366						
货物或应税劳务名称		规格型号	单位	数量	单价	金额	税率	税额
配件		50	件	50	1 000.00	50 000.00	17%	8 500.00
价税合计（大写）		伍万捌仟伍佰元整				（小写）¥ 58 500.00		
销货单位	名称	山东梅岭机械厂					备注	
	纳税人识别号	一般纳税人 37010035285511						
	地址、电话	山东省济南市市中区刘长山路 88 号						
	开户行及账号	中国建设银行市中支行 552215011000867						

收款人：　　复核：卜敏　　开票人：张丽　　销货单位：（章）山东梅岭机械厂

原始凭证 2——收料单

收　料　单

供货单位：　　　　　　　　　付款方式　　　　　　　　　　　№：000101

发票号码：　　　　　　　　　收料日期　　　收料仓库　　　　年　月　日

编号	名称及规格	单位	数量		实际价格		计划价格		核对
			交库	实收	单价	金额	单价	金额	

会计主管：　　　　记账：　　　　保管部门主管　　　　收料人：　　　　制单人：

2. 1 月 11 日向上海宝山钢铁厂瑞丰经营部购入热轧不锈钢卷板 3.0×1500×C 型两件，单价 16 900 元热轧不锈钢卷板 4.0×1500×C 型两件，单价为 22 200 元，收到增值税专用发票，卷板已验收入库，当即签发 3 个月期的商业承兑汇票 1 张，要求填制商业承兑汇票和收料单，根据购货发票、收料单编制转账凭证。

原始凭证 1——增值税发票

山东省增值税专用发票

发票联　　　开票日期：2010 年 1 月 11 日

购货单位	名称	齐鲁小家电有限责任公司			密码区	略	
	纳税人识别号	370603001112228					
	地址、电话	高新区黄海路 568 号 0531-88262626					
	开户行及账号	工行高新支行 16030058363803366					
货物或应税劳务名称	规格型号	单位	数量	单价	金额	税率	税额
热轧不锈钢卷板	3.0*1500*C	件	2	16 900.00	33 800.00	17%	5 746.00
热轧不锈钢卷板	4.0*1500*C	件	2	22 200.00	44 400.00	17%	7 548.00
价税合计（大写）	玖万壹仟肆佰玖拾肆元整			（小写）¥91 494.00			
销货单位	名称	上海宝山钢铁厂瑞丰经营部			备注	上海宝山钢铁厂瑞丰经营部 11010035784986 发票专用章	
	纳税人识别号	11010035784986					
	地址、电话	上海宝山区海洋路 134 号					
	开户行及账号	中国建设银行上海宝山分行 5564210512347					

收款人：　　　复核：张敏　　　开票人：李梅　　　　　销货单位：（章）

原始凭证 2——收料单

收　料　单

供货单位：　　　　付款方式　　　　№：000101

发票号码：　　　　收料日期　　　　收料仓库　　　　年　月　日

编号	名称及规格	单位	数量		实际价格		计划价格		核对
			交库	实收	单价	金额	单价	金额	

会计主管：　　　记账：　　　保管部门主管　　　收料人：　　　制单人：

3. 以银行存款支付前欠山东天星配件厂货款 76 050 元。

原始凭证——转账支票

<table>
<tr><td>中国工商银行
转账支票存根（鲁）
CM/02 02565789

附加信息 ________
____
____
出票日期：年　月　日
收款人：________
金　额：________
用　途：________
单位主管：　　会计：</td>
<td>中国工商银行转账支票（鲁）　　CM/02 02565789
签发日期（大写）　　年　　月　　日　付款行名称：
收款人：________________　出票人账号：
<table><tr><td rowspan="2">人民币
（大写）</td><td>千</td><td>百</td><td>十</td><td>万</td><td>千</td><td>百</td><td>十</td><td>元</td><td>角</td><td>分</td></tr><tr><td></td><td></td><td></td><td></td><td></td><td></td><td></td><td></td><td></td><td></td></tr></table>
用途：________________
上列款项请从我账号内支付

出票人签章：　　　复核：　　　记账</td></tr>
</table>

4. 1 月 15 日，前期开给天津伟丰有限责任公司的商业承兑汇票今日到期付讫。

商业承兑汇票　（存根）　　IXIV08566

出票日期(大写)：贰零零玖年零陆月壹拾伍日　　　　第　号

<table>
<tr><td rowspan="3">付款人</td><td>全称</td><td>齐鲁家小家电有限责任公司</td><td rowspan="3">收款人</td><td>全称</td><td colspan="11">天津伟丰有限责任公司</td></tr>
<tr><td>账号</td><td>16[illegible]3005X363[illegible]83366</td><td>账号</td><td colspan="11">77556610102235684</td></tr>
<tr><td>开户银行</td><td>中国工商银行高新支行</td><td>开户银行</td><td colspan="11">中国建设银行天津转丰支行</td></tr>
<tr><td rowspan="2">出票金额</td><td colspan="3" rowspan="2">人民币（大写）肆万元整</td><td>亿</td><td>千</td><td>百</td><td>十</td><td>万</td><td>千</td><td>百</td><td>十</td><td>元</td><td>角</td><td>分</td></tr>
<tr><td></td><td></td><td></td><td>¥</td><td>4</td><td>0</td><td>0</td><td>0</td><td>0</td><td>0</td><td>0</td></tr>
<tr><td>汇票到期日</td><td colspan="2">2010 年 01 月 15 日</td><td colspan="2">交易合同号码</td><td colspan="11">09/06-22029</td></tr>
<tr><td colspan="3">备注：</td><td colspan="13">会计
复核　　　　经办</td></tr>
</table>

（三）2010 年 1 月 1～31 日涉及应付职工薪酬的经济业务如下：

5.1 月 15 日根据本公司上月薪酬发放依据以及上月各部门考勤表填列工资结算汇总表（此步骤略，工资结算汇总表中已按相关标准列出）。（生产工人工资统一发放，不需分配计入各车间或各品种）

工资结算汇总表

日期：2010 年 1 月 15 日　　　　单位：元

部门		基本工资		辅助工资		缺勤扣款		应付薪酬	代扣款项						实付薪酬
		标准工资	岗位工资	奖金	津贴	事病假扣款	其他扣款		基本养老保险	住房公积金	医疗保险	失业保险	个人所得税	合计	
生产部	生产人员	67 800	435 400	10 000	0	400	0						1 100		
	管理人员	31 400	24 500	4 000	1 000	1 100	0						1 890		
销售部		48 230	10 220	78 600	0	0	8 200						2 345		
采购部		23 400	8 900	6 400	0	0	6 400						3 396		
财务部		54 320	18 900	0	0	920	0						2 786		
办公室		23 450	16 800	0	0	450	0						1 860		
合计		248 600	514 720	99 000	1 000	2 870	14 600						13 377		

会计 主管：　　　　复核　　　　出纳　　　　制单

6. 根据“工资结算汇总表”结转本月代扣各种款项，（计算基数为全部应付薪酬，其中：基本养老保险代扣比例为 8%；住房公积金为 5%；医疗保险为 2%，失业保险为 1%，个人所得税按现行计税标准计算）。填列“职工薪酬各项代扣款计算明细表”，将代扣款项编制转账凭证，分别计入其他应付款和应付税费——个人所得税账。

职工薪酬各项代扣款计算明细表

2010 年 1 月 15 日　　　　单位：元

各部门应付职工薪酬合计	代扣款项					
	基本养老保险 8%	住房公积金 5%	医疗保险 2%	失业保险 1%	个人所得税	合计
生产部					2 990	
采购部					2 345	
销售部					3 396	
财务部					2 786	
办公室					1 860	
合计					13 377	

会计：　　　　复核人：　　　　制单人：

7. 根据计算后的"职工薪酬代扣款明细表"完成"工资结算汇总表",计算出的实发工资总额,并按此总额开具转账支票1张,委托银行办理代发工资转存信用卡业务。工资发放清单以软盘形式同时送存银行,完成工资结算汇总表,签发转账支票,根据支票存根编制银行存款付款凭证。

原始凭证——转账支票

中国工商银行
转账支票存根（鲁）
CM/02 02565790

附加信息 ________
____
____

出票日期：年 月 日
收款人：________
金 额：________
用 途：________
单位主管： 会计：

中国工商银行转账支票（鲁） CM/02 02565790

签发日期（大写） 年 月 日 付款行名称：
收款人：________ 出票人账号：

人民币（大写）	千	百	十	万	千	百	十	元	角	分

用途：________
上列款项请从我账号内支付

齐鲁小家电有限责任公司 财务专用章　　王强印

出票人签章： 复核： 记账：

8. 企业按本月"工资结算汇总表"中应付薪酬总额计提五险一金,基本养老保险金28%(其中个人缴纳8%,单位缴纳20%);医疗保险费10%(其中单位缴费8%,个人缴费2%);失业保险3%(其中单位缴费2%,个人缴费1%);工伤保险1%,全部由单位缴纳;牛育保险费0.7%,全部由单位缴费;住房公积金10%(其中单位缴5%,个人缴5%)。按应付薪酬总额计提工会经费2%、教育经费2.5%(根据企业2010年发展规划不再计提职工福利费)。要求根据"工资结算汇总表"的应付薪酬总额计算五险一金和各项经费的计提数额,完成原始凭证,并编制相关转账凭证。签发两张转账支票,分别交纳基本养老保险费和住房公积金,(收款人分别是山东省济南市社会保障局和山东省济南市公积金管理中心),并根据转账支票存根编制银行存款付款凭证。

原始凭证1——税费计算表

五险一金及工会经费、教育经费计算表

日期:2010年1月　　单位:元

计提项目	计提基数	计提比率	计提金额	企业缴纳金额
养老保险金		28%		
医疗保险金		10%		
失业保险金		3%		
生育保险费		0.7%		
住房公积金		10%		
工会经费		2%		
教育经费		2.5%		
合计				

原始凭证 2——转账支票

中国工商银行
转账支票存根（鲁）
CM/02 02565791

附加信息 ________

出票日期：年 月 日
收款人：________
金 额：________
用 途：________
单位主管： 会计：

中国工商银行转账支票（鲁） CM/02 02565791

签发日期（大写） 年 月 日 付款行名称：

收款人：________ 出票人账号：

人民币（大写）	千	百	十	万	千	百	十	元	角	分

用途：________

上列款项请从我账号内支付

出票人签章： 复核： 记账：

（四）2010 年 1 月 1～31 日涉及应交税费的各项经济业务如下：

9. 月末计提本月应缴房产税 15 864 元，土地使用税 15 000 元，车船使用税 400 元，（计算过程省略），要求根据明细编制转账凭证。

原始凭证 1—转账支票

中国工商银行
转账支票存根（鲁）
CM/02 02565792

附加信息 ________

出票日期：年 月 日
收款人：________
金 额：________
用 途：________
单位主管： 会计：

中国工商银行转账支票（鲁） CM/02 02565792

签发日期（大写） 年 月 日 付款行名称：

收款人：________ 出票人账号：

人民币（大写）	千	百	十	万	千	百	十	元	角	分

用途：________

上列款项请从我账号内支付

出票人签章： 复核： 记账：

注：按规定房产税应依据房产原值一次减除 10%～30%后的余额再按年征收比率计算交纳；土地使用税以纳税人实际占用的土地面积为计税依据，依照规定税额计算征收。其计算公式如下：

应纳房产税额＝房账面价值×(1－扣除率)×年税率/12

应纳土地使用税＝年税额/平方米×实际占用土地面积/12

原始凭证 2—税费计算表

应交房产税、土地使用税和车船使用税明细表

2010 年 1 月 31 日

单位:元

应交税名称	应交金额
应交房产税	15 864.00
应交土地使用税	15 000.00
应交车船使用税	400.00
合计	31 264.00

会计主管:　　复核:　　制单人:

10. 将“应交税费——应交增值税(销项税额)”与“应交税费——应交增值税(进项税额)”的差额结转本月未交增值税。

原始凭证 1——应交增值税明细账

2010 年 1 月应交增值税明细账

2010 年 1 月 31 日

单位:元

总账科目	明细科目	发生额	
		借方金额	贷方金额
应交税费	应交增值税（进项税额）	76 540	
	应交增值税（销项税额）		88 640
	应交增值税（进项转出）		170
	转出应交增值税		
	应交增值税（已交税金）		
	转出多交增值税		
	未交增值税		

会计主管:　　复核:　　制单人:

11. 1 月 5 日出租空闲店铺给贵州茅台酒专卖店,当日收到对方开来 50 000 元的转账支票支付租赁押金和第一季租金,合同期为十年,每年年租金固定不变,均为 120 000 元,按季并于季初收取租金,企业应按 5%计算本月应交营业税,要求编制押金收入凭证和营业税转账凭证。

原始凭证 1——租赁合同

店铺租赁合同

出租方（以下简称甲方）（公章）
公司名称：齐鲁小家电有限责任公司
公司地址：山东济南市高新区黄海路英美大厦568号
法定代表人：王强

承租方（以下简称乙方）：（公章）
公司名称：贵州茅台酒济南专卖店
公司地址：山东济南市历下区山大南路65号
法定代表人：苏立婉

根据《中华人民共和国合同法》及有关规定，为明确甲方与乙方的权利义务关系，双方在自愿、平等、等价有偿的原则下经过充分协商，特定立本合同。

第一条　租赁内容

一、甲方将位于济南市高新区56号门面租赁给乙方。甲方对所出租的房屋具有合法产权。

二、甲租赁给乙方的房屋建筑面积为110平方米，使用面积为100平方米。甲方同意乙方所租房屋作为经营用，其范围以乙方营业执照为准。

四、甲方为乙方提供的房间内有：消防设施及供配电等设备。上述设备的运行及维修费用，包含在租金之内，乙方不再另行付费。

第二条　租赁期限

五、租赁期10年，自2010年1月5日起至2020年1月5日止。

第三条　押金租金及其他费用

六、合同有效年度租金共计为1 200 000元（人民币）。

七、自租赁合同生效之日起，乙方应交纳10 000元押金，合同期满时退还或抵减租金，租金每个租赁年度按季计算并于季初足额缴纳。

八、电费按日常实际使用数（计量）收费，每月10日前交上月电费（甲方出示供电局收费发票）其他费用，双方协商补充于本条款内。

第四条　双方的权利和义务

九、甲方（略）

十、乙方（略）

第五条　付款方式及时间

十一、乙方在签订合同时付给甲方贰万元人民币为押金，在正式入住后五日内将第一季度的租金叁万元人民币付给甲方。

十二、乙方向甲方支付的各项费用可采用银行转账、支票或现金等方式。

第六条　房屋装修或改造（略）

第七条　续租（略）

第八条　其他（略）

第九条　违约（略）

甲方：（公章）
公司名称：齐鲁小家电有限责任公司
经办人：李长青
日期：2010年1月5日

乙方：（公章）
公司名称：贵州茅台酒济南专卖店
经办人：苏立婉
日期：2010年1月5日

（注：该合同为重要文件，不能用做记账凭证附件，应单独保管，可用复印件做记账凭证附件）

原始凭证 2——转账支票

中国工商银行转账支票（鲁）　　CM/02 02565789

签发日期（大写）：贰零壹零年壹拾贰月壹拾日　　付款行名称：

收款人：齐鲁小家电有限责任公司　　出票人账号：

人民币（大写）：伍万元整	千	百	十	万	千	百	十	元	角	分
			¥	5	0	0	0	0	0	0

用途：货款

上列款项请从我账号内支付

出票人签章：　　复核：　　记账

转账支票背面

原始凭证 3——银行进账单

中国工商银行进账单（收账通知）

2010 年 1 月 7 日　　№：00102005

付款人	全称	贵州茅台酒专卖店	收款人	全称	齐鲁小家电有限责任公司
	账号	15941236723300025l		账号	16030058363803566
	开户银行	工行历下支行		开户银行	工行高新支行

人民币（大写）：伍万元整	亿	千	百	十	万	千	百	十	元	角	分
				¥	5	0	0	0	0	0	0

票据种类		收款人开户银行盖章
票据张数		
单位主管　会计 复核　记账		

原始凭证 4——税费计算表

2010 年 1 月应交营业税计算表

2010 年 1 月　　　　　　单位：元

全年应交营业税计提数额	税率	全年应交营业税	本月应交营业税
120 000	5%	6 000	500
备注：租赁合同号 10/01-021			

会计主管：　　　　复核：　　　　制单：

12. 根据本月应交增值税和应交营业税的 7%计征城市维护建设税，3%计征教育费附加。要求：填制应交税金及各项附加费计提表，并编制转账凭证。

应交税金及各项附加费计提表

2010 年 1 月　　　　　单位：元

项目	金额	税率	应交纳金额
应交增值税		-	
应交营业税		-	
城市维护建设税	-	7%	
教育费附加	-	3%	
合计			

会计主管：　　　　复核：　　　　制单人：

说明：应交城市维护建设税=(增值税+营业税)×7%。

因租金收入交纳营业税，按营业税额计征的城建税和附加费应计入“其他业务成本”。

13. 开出转账支票以银行存款上交增值税、应交营业税、代交个人所得税、应交房产税、应交土地使用税、应交车船使用税、应交城市维护建设税和教育费附加，要求填制转账支票，收到税收交款书后编制付款凭证(个人所得税见凭证 1，其他税合开一张支票见原始凭证 2，缴税凭证见原始凭证 3 和原始凭证 4。

原始凭证 1——转账支票

中国工商银行
转账支票存根（鲁）
CM/02 02565793

附加信息 ________

出票日期：年　月　日
收款人：________
金　额：________
用　途：________
单位主管：　　会计：

中国工商银行转账支票（鲁）　　CM/02 02565793

签发日期（大写）　　年　　月　　日　付款行名称：

收款人：________　出票人账号：

人民币（大写）	千	百	十	万	千	百	十	元	角	分

用途：________

上列款项请从我账号内支付

齐鲁小家电有限责任公司 财务专用章　　王强印

出票人签章：　　　复核：　　　记账

原始凭证 2——转账支票

<table>
<tr><td rowspan="3">中国工商银行
转账支票存根（鲁）
CM/02 02565794

附加信息

出票日期：年 月 日
收款人：
金 额：
用 途：
单位主管： 会计：</td><td colspan="11">中国工商银行转账支票（鲁） CM/02 02565794
签发日期（大写） 年 月 日 付款行名称：
收款人： 出票人账号：</td></tr>
<tr><td>人民币
（大写）</td><td>千</td><td>百</td><td>十</td><td>万</td><td>千</td><td>百</td><td>十</td><td>元</td><td>角</td><td>分</td></tr>
<tr><td colspan="11">用途：
上列款项请从我账号内支付
出票人签章： 复核： 记账</td></tr>
</table>

原始凭证 3——税收缴款书

中华人民国共和国税收通用缴款书

填发日期：2010 年 2 月 12 日

隶属关系：市属企业　　№：（2010）鲁国缴 001 号国

注册类型：股份制经济　　征收机关：山东省济南市高新区财政局

<table>
<tr><td rowspan="3">缴款单位（人）</td><td>代码</td><td>370603001112228</td><td rowspan="4" colspan="2">预算科目</td><td colspan="2">编码</td><td colspan="11">010103</td></tr>
<tr><td>全称</td><td>齐鲁小家电有限责任公司</td><td colspan="2">名称</td><td colspan="11"></td></tr>
<tr><td>开户行</td><td>中国工商银行高新支行</td><td colspan="2">级次</td><td colspan="11">中央级</td></tr>
<tr><td colspan="2">账号</td><td>1603005836380336</td><td colspan="2">收款国库</td><td colspan="11">88 高新支库</td></tr>
<tr><td colspan="4">税款所属时期 2010 年 1 月 1 日</td><td colspan="15">税款限缴日期 2010 年 1 月 31 日</td></tr>
<tr><td colspan="2" rowspan="2">品目名称</td><td rowspan="2">课税数量</td><td rowspan="2">计税金额或销售收入</td><td rowspan="2">税率或单位税额</td><td rowspan="2">已缴或扣除额</td><td colspan="11">实 缴 税 额</td></tr>
<tr><td>亿</td><td>千</td><td>百</td><td>十</td><td>万</td><td>千</td><td>百</td><td>十</td><td>元</td><td>角</td><td>分</td></tr>
<tr><td colspan="2">增值税</td><td></td><td></td><td>17%</td><td></td><td></td><td></td><td></td><td></td><td>1</td><td>1</td><td>2</td><td>7</td><td>0</td><td>0</td><td>0</td></tr>
<tr><td colspan="2"></td><td></td><td></td><td></td><td></td><td></td><td></td><td></td><td></td><td></td><td></td><td></td><td></td><td></td><td></td><td></td></tr>
<tr><td colspan="2"></td><td></td><td></td><td></td><td></td><td></td><td></td><td></td><td></td><td></td><td></td><td></td><td></td><td></td><td></td><td></td></tr>
<tr><td colspan="6">金额合计（大写）：壹万壹仟贰佰柒拾元整</td><td></td><td></td><td></td><td>¥</td><td>1</td><td>1</td><td>2</td><td>7</td><td>0</td><td>0</td><td>0</td></tr>
<tr><td colspan="2">缴款单位（人）
（盖章）
经办人（章）</td><td colspan="2">税务机关
（盖章）
填票人（章）</td><td colspan="7">上列款项已收妥并划转收款单位账户
国库（银行）盖章 2010 年 2 月 12 日</td><td colspan="6">备注：</td></tr>
</table>

缴款单位电话：　　逾期不缴按税法规定加收滞纳金　　缴款单位所属行业：

原始凭证 4——税收缴款书

中华人民共和国税收通用缴款书

填发日期：2010 年 2 月 12 日

隶属关系：市属企业　　　　№：（2010）鲁地缴 001 号国

注册类型：股份制经济　　　　征收机关：山东省济南市高新区财政局

缴款单位（人）		预算科目	
代码	370603001112228	编码	010103
全称	齐鲁小家电有限责任公司	名称	
开户行	中国工商银行高新支行	级次	中央级
账号	1603005836380336	收款国库	88 高新支库
税款所属时期	2010 年 1 月 1 日	税款限缴日期	2010 年 1 月 31 日

品目名称	课税数量	计税金额或销售收入	税率或单位税额	已缴或扣除额	亿	千	百	十	万	千	百	十	元	角	分
营业税			5%								5	0	0	0	0
城建税			7%								8	2	3	9	0
教育费附加			3%								3	5	3	1	0
金额合计（大写）：壹仟陆佰柒拾柒元整									¥	1	6	7	7	0	0

缴款单位（人）（盖章）经办人（章）	税务机关（盖章）填票人（章）	上列款项已收妥并划转收款单位账户 国库（银行）盖章 2010 年 2 月 12 日	备注：

缴款单位电话：　　　　逾期不缴按税法规定加收滞纳金　　　　缴款单位所属行业：

原始凭证 5——税收缴款书

中华人民共和国税收通用缴款书

填发日期：2010 年 2 月 12 日

隶属关系：市属企业　　　　　　　　　　№：（2010）鲁国缴 002 号国

注册类型：股份制经济　　　　　　　　　征收机关：山东省济南市高新区财政局

缴款单位（人）			预算科目		
	代码	370603001112228		编码	010103
	全称	齐鲁小家电有限责任公司		名称	
	开户行	中国工商银行高新支行		级次	中央级
账号		1603005836803366		收款国库	88 高新支库
税款所属时期 2010 年 1 月 1 日			税款限缴日期 2010 年 1 月 31 日		

品目名称	课税数量	计税金额或销售收入	税率或单位税额	已缴或扣除额	实缴税额										
					亿	千	百	十	万	千	百	十	元	角	分
房产税									1	5	8	6	4	0	0
土地使用税									1	5	0	0	0	0	0
车船使用税											4	0	0	0	0
金额合计（大写）：叁万壹仟贰佰陆拾肆元整									3	1	2	6	4	0	0

缴款单位（人）（盖章）	税务机关（盖章）	上列款项已收妥并划转收款单位账户	备注
经办人（章）	填票人（章）	国库（银行）盖章 2010 年 2 月 12 日	

缴款单位电话：　　　　逾期不缴按税法规定加收滞纳金　　　　缴款单位所属行业：

原始凭证 6—个人所得税缴款书

中华人民共和国代扣代收税款凭证

主管税务机关：山东省国家税务局济南市高新区分局　　　　№：12003

填发日期：2010 年 2 月 12 日

<table>
<tr><td rowspan="2">纳税人</td><td>名称</td><td colspan="2">齐鲁小家电有限责任公司</td><td>扣缴义务人</td><td colspan="12">齐鲁小家电有限责任公司全体员工</td></tr>
<tr><td>经济类型</td><td colspan="2">工业企业</td><td>税款所属时间</td><td colspan="12">2010 年 1 月 1~31 日</td></tr>
<tr><td colspan="2" rowspan="2">税种</td><td rowspan="2">纳税项目</td><td rowspan="2">课税数量</td><td rowspan="2">计税金额</td><td rowspan="2">税率或单位税额</td><td rowspan="2">已缴或扣除额</td><td colspan="11">实缴税额</td></tr>
<tr><td>亿</td><td>千</td><td>百</td><td>十</td><td>万</td><td>千</td><td>百</td><td>十</td><td>元</td><td>角</td><td>分</td></tr>
<tr><td colspan="2">个人所得税</td><td></td><td></td><td></td><td></td><td></td><td></td><td></td><td></td><td>¥</td><td>1</td><td>3</td><td>3</td><td>7</td><td>7</td><td>0</td><td>0</td></tr>
<tr><td colspan="7">金额合计（大写）：壹万叁仟叁佰柒拾柒元整</td><td></td><td></td><td></td><td>¥</td><td>1</td><td>3</td><td>3</td><td>7</td><td>7</td><td>0</td><td>0</td></tr>
<tr><td colspan="3">主管税务机关（盖章）</td><td colspan="2">扣缴义务人（盖章）</td><td colspan="4">填票人（章）</td><td colspan="9">备注：</td></tr>
</table>

（印章：山东省国家税务局济南高新区分局 税收专用章；齐鲁小家电有限责任公司 财务专用章；中国工商银行高新支行 2010年2月12日 转讫）

任务九　收入和费用实训

一、能力目标

1. 能识记《企业会计准则》对收入、费用实务会计处理的有关规定；

2. 能熟悉收入、费用核算岗位职责，取得或编制收入、费用类相关会计凭证，负责收入、费用及相关业务的明细核算；

3. 能运用会计基本理论解释收入、费用信息生产过程；

4. 能解决收入、费用会计处理过程中的常见问题；

5. 能初步具有相应的会计职业判断意识；

6. 能严格按照《企业会计准则》等政策法规要求规范操作。

二、任务描述

1. 设置收入、费用明细账，登记期初余额；

2. 设置收入、费用总账，登记期初余额；

3. 根据经济业务填制有关的结算凭证；

4. 根据实训资料中的原始凭证，填制记账凭证，并将原始单据附后；
5. 根据记账凭证及原始凭证登记收入、费用明细账，根据记账凭证登记对应总账；
6. 月末，将收入明细账与收入总账核对，费用明细账与费用总账核对。

三、实训要求

1. 实训形式：本实训为单人独立实训；
2. 实训时间：本实训约 180 分钟；
3. 实训用品：原始凭证、记账凭证、明细账、总账。
4. 实训资料

2010 年 9 月 1～31 日该公司发生下列部分经济业务，根据有关原始凭证，编制会计分录，填制记账凭证，并登记有关账簿：

(1)9 月 3 日，向上海光明公司销售 3.0 型号营养煲 800 台，单价 200 元，单位成本 100 元，增值税率为 17%，货款上月已经预收。

原始凭证 1——增值税发票

山东省增值税专用发票

发票联

国家税务局监制

开票日期：2010 年 9 月 3 日

购货单位	名称	上海光明公司				密码区	略	
	纳税人识别号	110603001112228						
	地址、电话	上海市西三环路 88 号 021－27606068						
	开户行及账号	工商银行西三环支行 92366980674122						
货物或应税劳务名称		规格型号	单位	数量	单价	金额	税率	税额
							17%	
价税合计（大写）						（小写）¥		
销货单位	名称					备注		
	纳税人识别号							
	地址、电话							
	开户行及账号							

（印章：齐鲁小家电有限责任公司 370603001112228 发票专用章）

收款人：　　复核：　　开票人：　　销货单位：（章）

原始凭证 2——出库单

产品出库单

年　月　日

单位:元

编号	名称及规格	计量单位	数　量	单位成本	总成本

制单:　　　　　　　　　　　　保管:　　　　　　　　　　　　检验:

(2)9 月 5 日,销售给南京新星工厂 4.0 型号营养煲 200 台,单价 300 元,单位成本 210 元,另开出转账支票垫付运费 900 元,收到银行汇票一张,存入银行。

原始凭证 1——增值税发票

山东省增值税专用发票

发票联

开票日期:年　月　日

<table>
<tr><td rowspan="4">购货单位</td><td>名称</td><td colspan="5">南京新星工厂</td><td rowspan="4">密码区</td><td colspan="3" rowspan="4">略</td></tr>
<tr><td>纳税人识别号</td><td colspan="5">56060300119219</td></tr>
<tr><td>地址、电话</td><td colspan="5">南京市燕山路 19 号 025－81606068</td></tr>
<tr><td>开户行及账号</td><td colspan="5">工商银行燕山路支行 3236698067491</td></tr>
<tr><td colspan="2">货物或应税劳务名称</td><td>规格型号</td><td>单位</td><td>数量</td><td colspan="3">单价</td><td>金额</td><td>税率</td><td>税额</td></tr>
<tr><td colspan="2"></td><td></td><td></td><td></td><td colspan="3"></td><td></td><td>17%</td><td></td></tr>
<tr><td colspan="2"></td><td></td><td></td><td></td><td colspan="3"></td><td></td><td></td><td></td></tr>
<tr><td colspan="2"></td><td></td><td></td><td></td><td colspan="3"></td><td></td><td></td><td></td></tr>
<tr><td colspan="2">价税合计（大写）</td><td colspan="9">（小写）￥</td></tr>
<tr><td rowspan="4">销货单位</td><td>名称</td><td colspan="6"></td><td rowspan="4">备注</td><td colspan="2" rowspan="4">齐鲁小家电有限责任公司 发票专用章</td></tr>
<tr><td>纳税人识别号</td><td colspan="6"></td></tr>
<tr><td>地址、电话</td><td colspan="6"></td></tr>
<tr><td>开户行及账号</td><td colspan="6"></td></tr>
</table>

收款人:　　　　　　　　复核:　　　　　　　　开票人:　　　　　　　　销货单位:（章）

原始凭证 2——出库单

产品出库单

年 月 日

单位：元

编号	名称及规格	计量单位	数量	单位成本	总成本

制单： 保管： 检验：

原始凭证 3——银行进账单

工商银行进账单（收账通知）

2010 年 9 月 5 日

付款人	全称	南京新星工厂	收款人	全称	
	账号	3236698067491		账户	
	开户行	工行燕山路支行		开户行	
人民币（大写）：			亿 千 百 十 万 千 百 十 元 角 分		
票据种类			收款人开户银行盖章		

中国工商银行高新支行 2010年9月5日 转讫

原始凭证 4——转账支票

中国工商银行 转账支票存根（鲁） CM/02 02568919 附加信息 ________ __________ __________ 出票日期：年 月 日 收款人：________ 金 额：________ 用 途：________ 单位主管： 会计：	中国工商银行转账支票（鲁） CM/02 02568919 签发日期（大写） 年 月 日 付款行名称： 收款人：________________ 出票人账号： 人民币（大写） 千 百 十 万 千 百 十 元 角 分 用途：________ 上列款项请从我账号内支付 出票人签章： 复核： 记账

鲁小家电有限责任公司 财务专用章

王强印

（3）9 月 6 日，以银行存款支付车间设备维修费 4000 元。

原始凭证 1——转账支票

<table>
<tr>
<td>中国工商银行
转账支票存根（鲁）
CM/02 02568920

附加信息 ________
____
____
出票日期：年　月　日
收款人：________
金　额：________
用　途：________
单位主管：　　会计：</td>
<td>中国工商银行转账支票（鲁）　　CM/02 02568920
签发日期（大写）　　年　　月　　日　付款行名称：
收款人：________　　出票人账号：
人民币（大写）　千 百 十 万 千 百 十 元 角 分

用途：________
上列款项请从我账号内支付

出票人签章：　　复核：　　记账</td>
</tr>
</table>

原始凭证 2——普通发票

山东省商业企业通用发票

№00653328

客户名称：齐鲁小家电有限责任公司　　2010 年 9 月 6 日

货物或劳务名称	规格	数量	单价	金额								说明
				十	万	千	百	十	元	角	分	
维修费						4	0	0	0	0	0	单位盖章
合计人民币（大写）肆仟元整				￥4000.00								

收款人：王云　　复核：　　开票人：李楠

(4)9 月 7 日，向济南市天宇有限责任公司销售不锈钢制品 100 台，单价 560 元，单位成本 500 元，对方自己提货，收到货款 65 520 元的转账支票送存银行。

原始凭证 1——增值税发票

山东省增值税专用发票

发票联

国家税务局监制

开票日期：　年　月　日

<table>
<tr><td rowspan="4">购货单位</td><td>名称</td><td colspan="4">济南天宇有限责任公司</td><td rowspan="4">密码区</td><td colspan="3" rowspan="4">略</td></tr>
<tr><td>纳税人识别号</td><td colspan="4">400603001110042</td></tr>
<tr><td>地址、电话</td><td colspan="4">济南市正义路 22 号 0531－88100990</td></tr>
<tr><td>开户行及账号</td><td colspan="4">中国银行开元支行 94366980674336</td></tr>
<tr><td colspan="2">货物或应税劳务名称</td><td>规格型号</td><td>单位</td><td>数量</td><td colspan="2">单价</td><td>金额</td><td>税率</td><td>税额</td></tr>
<tr><td colspan="2"></td><td></td><td></td><td></td><td colspan="2"></td><td></td><td>17%</td><td></td></tr>
<tr><td colspan="2"></td><td></td><td></td><td></td><td colspan="2"></td><td></td><td></td><td></td></tr>
<tr><td colspan="2"></td><td></td><td></td><td></td><td colspan="2"></td><td></td><td></td><td></td></tr>
<tr><td colspan="2">价税合计（大写）</td><td colspan="8">（小写）￥</td></tr>
<tr><td rowspan="4">销货单位</td><td>名称</td><td colspan="5"></td><td colspan="3" rowspan="4">备注
齐鲁小家电有限责任公司
370003001112228
发票专用章</td></tr>
<tr><td>纳税人识别号</td><td colspan="5"></td></tr>
<tr><td>地址、电话</td><td colspan="5"></td></tr>
<tr><td>开户行及账号</td><td colspan="5"></td></tr>
</table>

收款人：　　复核：　　开票人：　　销货单位：（章）

原始凭证 2——出库单

产品出库单

年　月　日

单位：元

编号	名称及规格	计量单位	数量	单位成本	总成本

制单：　　保管：　　检验：

原始凭证 3——转账支票

中国工商银行转账支票（鲁） CM/02 02563786

签发日期（大写）：贰零壹零年零玖月零柒日 付款行名称：

收款人：齐鲁小家电有限责任公司 出票人账号：

人民币（大写）：陆万伍仟伍佰贰拾元整	千	百	十	万	千	百	十	元	角	分
			¥	6	5	5	2	0	0	0

用途：货款

上列款项请从我账号内支付

（印章：济南市天宇有限责任公司 财务专用章；刘海 奉印）

出票人签章： 复核： 记账

转账支票背面

（印章：齐鲁小家电有限责任公司 财务专用章；王强 印）

原始凭证 4——进账单

中国工商银行银行进账单（收账通知）

2010 年 9 月 7 日

付款人	全称	济南市天宇有限责任公司	收款人	全称	
	账号	94366980674336		账户	
	开户行	中国银行开元支行		开户行	

人民币（大写）：	亿	千	百	十	万	千	百	十	元	角	分

票据种类		收款人开户银行盖章

（印章：中国工商银行高新支行 2010年9月7日 转讫）

(5)9 月 10 日，以银行存款支付济南科达广告有限责任公司制作广告牌款 7650 元。

原始凭证 1——转账支票

中国工商银行 转账支票存根（鲁） CM/02 02568920 附加信息 ______ ______ ______ 出票日期：年 月 日 收款人：______ 金　额：______ 用　途：______ 单位主管：　会计：	中国工商银行转账支票（鲁）　CM/02 02568920 签发日期（大写）　年　月　日　付款行名称： 收款人：______　出票人账号： 人民币（大写）　千 百 十 万 千 百 十 元 角 分 用途：______ 上列款项请从我账号内支付 出票人签章：　复核：　记账 （印章：齐鲁小家电有限责任公司 财务专用章）（印章：王强印）

原始凭证 2——普通发票

济南市服务业专用发票

发票联　　济地税字　№00653328

客户名称：山东齐鲁小家电有限责任公司　　开票日期：2010 年 9 月 10 日

服务项目	规格	单位	数量	单价	金额 十	万	千	百	十	元	角	分	备注
广告牌款						¥	7	6	5	0	0	0	
合计人民币（大写）：柒仟陆佰伍拾元整					¥7 650.00								

开票单位	济南科达广告有限责任公司	开户银行	账号	结算方式	转账	现金	汇票	其他
		工商行山大路支行	013274802011172			现金		

（印章：济南科达广告有限责任公司 财务专用章）

地址：济南山大路 220 号　　收款人（章）　　开票人（章）

(6)9 月 11 日，向华夏公司销售五金配件，开出的增值税专用发票上注明的销售价格为 10 000 元，增值税额为 1 700 元，产品成本为 6 000 元。为及早收回货款，双方商定现金折扣条件为 2/10，n/30。

原始凭证 1——增值税发票

山东省增值税专用发票

发票联

开票日期：2010 年 9 月 11 日

购货单位	名称	济南华夏有限责任公司	密码区	略
	纳税人识别号	89060300119228		
	地址、电话	济南市山大路 332 号 0531－81116666		
	开户行及账号	招商银行山大路支行 94366980674336		

货物或应税劳务名称	规格型号	单位	数量	单价	金额	税率	税额
						17%	
价税合计（大写）					（小写）¥		

销货单位	名称		备注
	纳税人识别号		齐鲁小家电有限责任公司 发票专用章
	地址、电话		
	开户行及账号		

收款人： 复核： 开票人： 销货单位：（章）

原始凭证 2——出库单

产品出库单

年 月 日

单位：元

编号	名称及规格	计量单位	数量	单位成本	总成本

制单： 保管： 检验：

原始凭证 3——转账支票

招商银行转账支票（鲁） CM/02 37830256

签发日期（大写）：贰零壹零年零玖月零贰日 付款行名称：

收款人：齐鲁小家电有限责任公司 出票人账号：

人民币（大写）：	千	百	十	万	千	百	十	元	角	分

用途：货款

上列款项请从我账号内支付

出票人签章： 复核： 记账

转账支票背面

原始凭证 4——银行进账单

中国工商银行进账单（收账通知）

2010 年 9 月 20 日

付款人	全称	济南市华夏有限责任公司	收款人	全称	
	账号	94366980674336		账户	
	开户行	招商银行山大路支行		开户行	

人民币（大写）：	亿	千	百	十	万	千	百	十	元	角	分

票据种类		收款人开户银行盖章

(7)26 日该批产品因质量问题被退回，当日，支付给华夏公司所有款项。假定计算现金折扣时不考虑增值税，销售退回不属于资产负债表日后事项。

原始凭证 1——转账支票

中国工商银行
转账支票存根（鲁）
CM/02 02568921

附加信息 ________

出票日期：年 月 日
收款人：________
金 额：________
用 途：________
单位主管： 会计：

中国工商银行转账支票（鲁） CM/02 02568921
签发日期（大写） 年 月 日 付款行名称：
收款人：________ 出票人账号：

人民币（大写）	千	百	十	万	千	百	十	元	角	分

用途：________
上列款项请从我账号内支付
鲁小家电有限责任公司 财务专用章
王强印
出票人签章： 复核： 记账

原始凭证 2——入库单

产品入库单

年 月 日

单位：元

编号	名称及规格	计量单位	数量	单位成本	备注

制单： 保管： 检验：

(8)9 月 15 日,将库存积压的原材料 A 1 000 千克,按每千克售价 150 元销售给济南市物资收购站,增值税税率为 17%,货款及税额已收妥入账。

原始凭证 1——增值税发票

山东省增值税专用发票

发票联

开票日期：年　月　日

购货单位	名称	济南市物资收购站	密码区	略
	纳税人识别号	400603001110042		
	地址、电话	济南市舜舜路 22 号 0531－88117878		
	开户行及账号	工商银行舜舜路支行 7266980674871		

货物或应税劳务名称	规格型号	单位	数量	单价	金额	税率	税额
						17%	
价税合计（大写）				（小写）¥			

销货单位	名称		备注
	纳税人识别号		
	地址、电话		
	开户行及账号		

收款人：　　　　复核：　　　　开票人：　　　　销货单位：（章）

原始凭证 2——银行进账单

中国工商银行银行进账单（收账通知）

年　月　日

付款人	全称	济南市物资收购站	收款人	全称	
	账号	7266980674871		账户	
	开户行	工商银行舜舜路支行		开户行	

人民币（大写）：	亿	千	百	十	万	千	百	十	元	角	分

票据种类		收款人开户银行盖章

原始凭证 3——领料单

领　料　单

领用部门：销售部门　　　　年　月　日　　　　编号：

编　号	类　别	名　称	规　格	单　位	数　量		备　注
					请　领	实　发	
合计							
用途							

第三联　交会计

发料人：　　　　记账：　　　　领料部门负责人：　　　　领料人：

(9)9 月 16 日，购买办公用品 160 元，以现金支付。

原始凭证 1——普通发票

山东省商业企业通用发票

发票联

№00125505

客户名称：齐鲁小家电有限责任公司　　　　2010 年 9 月 16 日

货物或劳务名称	规格	数量	单价	金　额							说明
				万	千	百	十	元	角	分	
办公用品					¥	1	6	0	0	0	单位盖章
合计人民币（大写）壹佰陆拾元整　¥160.00											

收款人：刘宇　　　　复核：　　　　开票人：张华

原始凭证 2——费用报销单

费用报销单

年　月　日　　　　№001004

报销金额	人民币（大写）：　　　　小写		
开支内容			
部门盖章	负责人	经办人	实物保管、验收人
备注	财务负责人：		

会计：　　　　出纳：

(10)9 月 17 日，支付济南电视台产品销售广告费 20 000 元。

原始凭证 1——转账支票

中国工商银行 转账支票存根（鲁） CM/02 02568921 附加信息 ______ ______ ______ 出票日期：年　月　日 收款人：______ 金　额：______ 用　途：______ 单位主管：　会计：	中国工商银行转账支票（鲁）　CM/02 02568921 签发日期（大写）　年　月　日　付款行名称： 收款人：______　出票人账号： 人民币（大写）　千 百 十 万 千 百 十 元 角 分 用途：______ 上列款项请从我账号内支付 齐鲁小家电有限责任公司 财务专用章　王强印 出票人签章：　复核：　记账

原始凭证 2——普通发票

济南市广告业专用发票

发票联　　　　№00180045

客户名称：齐鲁小家电有限责任公司　　　　2010 年 9 月 17 日

货物或劳务名称	单位	数量	单价	金额							
				十	万	千	百	十	元	角	分
产品广告费					2	0	0	0	0	0	0
合计人民币（大写）：贰万元整				¥	2	0	0	0	0	0	0

开票单位	济南市电视台	开户银行账号	工商银行舜耕支行 911431225	备注

开票人（章）：朱红艳　　　　收款人（章）：刘佳

原始凭证 3——费用报销单

费用报销单

年　月　日　　　　№001005

报销金额	人民币（大写）：		小写 ¥
开支内容			
部门盖章	负责人	经办人	实物保管、验收人
备注	财务负责人：		

会计：　　　　出纳：

(11)9 月 18 日,从税务局购入空白增值税专用发票 30 份,以现金支付。

原始凭证 1——收据

国家税务局系统行政性收费专用收据

国财 02501　　　　填发日期:2010 年 9 月 18 日

征收机关:

税人识别号	3706030011[illegible]		交款单位（人）	山东齐鲁小家电有限责任公司	
项目			单价	数量	金额
专用发票			1.50	30	45.00
金额合计	人民币（大写）： 肆拾伍元整				
税务机关（盖章）			填票人（章） 袁凯旋		备注

原始凭证 2——费用报销单

费用报销单

年　月　日　　　　№001006

报销金额	人民币（大写）：			小写：
开支内容				
部门盖章		负责人	经办人	实物保管、验收人
备注	财务负责人:			

(12)9 月 20 日，接到委托收款付款通知，支付电费 30420 元。

原始凭证 1——银行托收凭证

中国工商银行托收凭证（付款通知）

委托日期 2010 年 9 月 20 日

<table>
<tr><td rowspan="3">付款人</td><td>全称</td><td colspan="2">山东齐鲁小家电有限责任公司</td><td rowspan="3">收款人</td><td>全称</td><td colspan="2">济南市电力公司</td></tr>
<tr><td>账号</td><td colspan="2">16030058363803366</td><td>账号</td><td colspan="2">00332256120</td></tr>
<tr><td>开户行</td><td colspan="2">工商银行高新支行</td><td>开户行</td><td colspan="2">工商银行历下支行</td></tr>
<tr><td colspan="2">托收金额</td><td colspan="4">人民币（大写）叁万零肆佰贰拾元整</td><td colspan="2">¥ 3 0 4 2 0 0 0</td></tr>
<tr><td colspan="2">款项内容</td><td>电费</td><td>委托收款凭据名称</td><td colspan="2">电费增值税发票</td><td>附寄单证张数</td><td>2</td></tr>
<tr><td colspan="2">备注：</td><td colspan="6">付款单位注意：
1. 根据结算方式规定，上列委托收款，付款期限内未拒付时，即视同全部同意付款，以此联代支款通知。
2. 如需提前付款或多付少付款时，应另写书面通知送银行办理。
3. 如系全部或部分拒付，应在付款期限内另填写拒绝付款理由书送银行办理。</td></tr>
</table>

中国工商银行高新支行 2010年9月20日 转讫

原始凭证 2——增值税发票

山东省增值税专用发票

发票联

开票日期：2010 年 9 月 18 日

<table>
<tr><td rowspan="4">购货单位</td><td>名称</td><td colspan="3">山东齐鲁小家电有限责任公司</td><td rowspan="4">密码区</td><td colspan="3" rowspan="4">略</td></tr>
<tr><td>纳税人识别号</td><td colspan="3">37060300119228</td></tr>
<tr><td>地址、电话</td><td colspan="3">高新区黄海路英 568 号 0531-88262626</td></tr>
<tr><td>开户行及账号</td><td colspan="3">中国工商银行高新支行 16030058363803366</td></tr>
<tr><td colspan="2">货物或应税劳务名称</td><td>规格型号</td><td>单位</td><td>数量</td><td>单价</td><td>金额</td><td>税率</td><td>税额</td></tr>
<tr><td colspan="2">电 费</td><td></td><td></td><td></td><td></td><td>26 000</td><td>17%</td><td>4 420</td></tr>
<tr><td colspan="2"></td><td></td><td></td><td></td><td></td><td></td><td></td><td></td></tr>
<tr><td colspan="2"></td><td></td><td></td><td></td><td></td><td></td><td></td><td></td></tr>
<tr><td colspan="2">价税合计（大写）</td><td colspan="4">叁万零肆佰贰拾元整</td><td colspan="3">（小写）¥ 30 420</td></tr>
<tr><td rowspan="4">销货单位</td><td>名称</td><td colspan="4"></td><td rowspan="4">备注</td><td colspan="2" rowspan="4"></td></tr>
<tr><td>纳税人识别号</td><td colspan="4"></td></tr>
<tr><td>地址、电话</td><td colspan="4"></td></tr>
<tr><td>开户行及账号</td><td colspan="4"></td></tr>
</table>

收款人：　　复核：　　开票人：　　销货单位：（章）

(13)9 月 26 日，办公室报销业务招待费 1500 元。

济南市服务业专用发票

发票联

济地税字　№00653328

客户名称：齐鲁小家电有限责任公司　　　　开票日期：2010 年 9 月 26 日

服务项目	规格	单位	数量	单价	金额								备注
					十	万	千	百	十	元	角	分	
餐饮费						¥	1	5	0	0	0	0	
合计人民币（大写）	壹仟伍佰元整				¥1500.00								

开票单位		开户银行	账号	结算方式	转账	现金	汇票	其他
	济南蓝海大饭店	工商行新华路分行	370277899012213			现金		

地址：济南市二环东路 3496 号　　收款人（章）：刘小红　　开票人（章）：李慧

(14)9 月 30 日，计提工行短期借款利息 1 020 元。

短期借款利息计算表

年　月　日

单位：元

工行借款本金	月利率	计息期	利息
		1个月	
		4.86%	

会计主管：　　　　　　　　　　制单：

(15)9 月 30，分配本月应负担的电费 30 420 元。编制会计分录，登记记账凭证。

电费分配表

2010 年 9 月 30 日

部门	用电量（度）	单价（元/度）	分配额（元）
办公室	1 000		
财务部	1 000		
采购部	1 100		
生产部	48 000		
销售部	1 200		
合　计	52 000	0.50	

会计主管：　　　　　　　　　　制单：

(16)9 月 30 日,计提固定资产折旧。

折旧计算表

2010 年 9 月 30 日

使用部门	固定资产类别				金额(元)
	建筑物	机器设备	运输工具	其他设备	
办公室	2 500	3 000	1 000		
财务部	3 100	3 100	1 300		
采购部	1 200	2 700	2 100		
生产部	3 000	21 000	4 000		
销售部	2 000	3 000	3 000		
合计					

会计主管: 制单:

(17)9 月 30 日,分配原材料费用。

材料费用分配汇总表

2010 年 9 月 30 日

领料车间或部门		成本或费用项目	金额(元)
基本生产车间	3.0 型号营养煲	直接材料	470 000.00
	4.0 型号营养煲	直接材料	300 000.00
基本生产车间一般消耗		机物料	50 000.00
管理部门一般消耗		机物料	20 000.00
合计			840 000.00

会计主管: 制单:

(18)9 月 30 日,分配工资费用。

工资分配汇总表

2010 年9 月30 日

车间或部门		成本或费用项目	金额(元)
基本生产车间	3.0 型号营养煲	直接人工	30 000.00
	4.0 型号营养煲	直接人工	28 000.00
基本生产车间管理人员		工资	9 000.00
管理部		工资	10 000.00
财务部		工资	13 000.00
销售部		工资	20 000.00
采购部		工资	17 000.00
合计			127 000.00

会计主管：　　　　　　　　　　　　　　　　　　制单：

(19)9 月 30 日，分配本月发生的福利费。

福利费分配汇总表

2010 年9 月30 日

车间或部门		成本或费用项目	金 额(元)
基本生产车间	3.0 型号营养煲	直接人工	
	4.0 型号营养煲	直接人工	
基本生产车间管理人员		工资	
管理部		工资	
财务部		工资	
销售部		工资	
采购部		工资	
合计			

会计主管：　　　　　　　　　　　　　　　　　　制单：

(20)9 月 30 日，计提工会经费及职工教育经费。

工会经费及职工教育经费计提表

2010 年 9 月 30 日

单位:元

车间或部门		计提基数	工会经费		职工教育经费		合 计
			计提比例	计提金额	计提比例	计提金额	
基本生产车间	3.0 型号营养煲		2%		2.5%		
	4.0 型号营养煲		2%		2.5%		
基本生产车间管理人员			2%		2.5%		
管理部			2%		2.5%		
财务部			2%		2.5%		
销售部			2%		2.5%		
采购部			2%		2.5%		
合计							

会计主管: 制单:

(21)9 月 30 日,计提企业应负担的基本养老保险及基本医疗保险(假设职工本月工资与上年度平均工资相同)

基本养老保险及基本医疗保险计提表

2010 年 9 月 30 日

单位:元

车间或部门		计提基数	基本养老保险		基本医疗保险		合 计
			计提比例	计提金额	计提比例	计提金额	
基本生产车间	3.0 型号营养煲		20%		6%		
	4.0 型号营养煲		20%		6%		
基本生产车间管理人员			20%		6%		
管理部			20%		6%		
财务部			20%		6%		
销售部			20%		6%		
采购部			20%		6%		
合计							

会计主管: 制单:

(22)9 月 30 日,结转制造费用。

制造费用分配表

2010 年 9 月 30 日　　　　单位：元

产品名称	分配标准（生产工时）	分配率	分配额
3.0 型号营养煲	24 000		
4.0 型号营养煲	16 000		
合计	40 000		

会计主管：　　　　制单：

(23)9 月 30 日，计算并结转完工产品成本。

原始凭证 1——成本计算单

产品成本计算单

2009 年 9 月 30 日

产品：3.0 型号营养煲

完工产品：1500 台

在产品：600 台　　　　单位：元

成本项目	月初在产品成本	本月费用	费用合计	月末在产品成本	完工产品总成本	完工产品单位成本
直接材料	21 000.00					
直接人工						
制造费用						
合计						

会计主管：　　　　制单：

原始凭证 2——产品成本计算单

产品成本计算单

2009 年 9 月 30 日

产品：4.0 型号营养煲

完工产品：1500 台

在产品：600 台

单位：元

成本项目	月初在产品成本	本月费用	费用合计	月末在产品成本	完工产品总成本	完工产品单位成本
直接材料	23 000.00					
直接人工						
制造费用						
合计						

会计主管：　　　　制单：

原始凭证 3——完工产品成本汇总表

完工产品成本汇总表

2010 年 9 月 30 日

单位:元

产品名称	计量单位(台)	产　量	直接材料	直接人工	制造费用	总成本	单位成本
3.0 型号营养煲							
4.0 型号营养煲							
合　计							

会计主管:　　　　　　　　　　　　　　制单:

原始凭证 4——产成品入库单

产成品入库单

2010 年 9 月 30 日

单位:元

产品名称	计量单位(台)	实收数量	单位成本	总成本
3.0 型号营养煲	台			
4.0 型号营养煲	台			
合　计				

会计主管:　　　　　　　　验收人:　　　　　　　　保管

任务十　实收资本实训

一、能力目标

1. 能识记所有者权益实务会计处理的有关规定;

2. 能熟悉资本、资金核算岗位职责,能运用所学知识根据原始凭证分析经济业务,熟练进行各种组织形式下实收资本(股本)、资本公积的会计处理;

3. 能运用会计基本理论知识解释所有者权益信息生成过程;

4. 能解决所有者权益会计处理过程中的常见问题;

5. 能初步具有相应的会计职业判断意识;

6. 能严格按照《企业会计准则》等政策法规要求规范操作。

二、任务描述

1. 根据经济业务资料计算公司实收资本增减变动金额;

2. 根据经济业务填制有关原始凭证;

3. 根据实训资料中的原始凭证,填制记账凭证,并将原始单据附于后面。

三、实训资料

1. 实训形式：本实训为单人独立实训；

2. 实训用品：原始凭证、记账凭证、现金日记账、银行存款日记账、总账、实收资本、资本公积、盈余公积等账户的明细账。

3. 实训资料：齐鲁小家电有限责任公司自 2007 年 8 月 20 日成立以来，涉及实收资本变动的经济业务如下，根据以下原始凭证编制会计分录，并据以登记有关账簿。

投资协议书

出资各方：

1. 山东英才有限责任公司
2. 山东海洋有限责任公司
3. 李长青
4. 张文

经各方友好协商，根据中华人民共和国法律、法规的规定，就各方出资共同设立齐鲁小家电有限责任公司达成以下协议，以资共同遵守。

第一条　投资额和投资方式

各方共同出资设立齐鲁小家电有限责任公司，出资总额为人民币600万元，新设立公司注册资本为600万元。山东英才有限责任公司出资额为300万元，其中货币资金150万元，机器设备一批，作价150万元，占注册资本的50%；山东海洋有限责任公司出资额为150万元，其中货币资金100万元，小轿车一部，重型卡车一部，共作价价50万元，占注册资本的25%；自然人李长青出资额为90万元，全部为货币资金，占注册资本的15%；自然人张文出资额为60万元，以专利权出资，作价60万元，占注册资本的10%。

以上出资各方应于 2007 年 8 月 15 日之前将上述出资额汇入指定的银行，中国工商银行高新支行，账号：16030058363803366。非货币出资的，应于2007 年 8 月 15 日将各自出资物运抵齐鲁小家电有限责任公司，办理过户验收手续。

第二条　利润分享和亏损分担（略）

第三条　事物执行（略）

第四条　投资的转让（略）

第五条　其他权利和义务（略）

第六条　违约责任（略）

第七条　其他（略）

协议各方签章

山东英才有限责任公司　山东海洋有限责任公司

2007 年 7 月1 日

中国工商银行银行进账单（收账通知）

2007 年 8 月 12 日

<table>
<tr><td rowspan="3">付款人</td><td>全称</td><td>山东英才有限责任公司</td><td rowspan="3">收款人</td><td>全称</td><td colspan="10">齐鲁小家电有限责任公司</td></tr>
<tr><td>账号</td><td>3316566984589654423</td><td>账户</td><td colspan="10">16030058363803366</td></tr>
<tr><td>开户银行</td><td>工行市中支行</td><td>开户银行</td><td colspan="10">工行高新支行</td></tr>
<tr><td colspan="3" rowspan="2">人民币（大写）：壹佰伍拾万元整</td><td>亿</td><td>千</td><td>百</td><td>十</td><td>万</td><td>千</td><td>百</td><td>十</td><td>元</td><td>角</td><td>分</td></tr>
<tr><td></td><td>￥</td><td>1</td><td>5</td><td>0</td><td>0</td><td>0</td><td>0</td><td>0</td><td>0</td><td>0</td></tr>
<tr><td>票据种类</td><td colspan="2">转账支票</td><td colspan="11" rowspan="3">收款人开户银行盖章
中国工商银行高新支行 2010年2月12日 转讫</td></tr>
<tr><td>票据张数</td><td colspan="2">1</td></tr>
<tr><td colspan="3">单位主管　　会计
复核　　记账</td></tr>
</table>

中国工商银行银行进账单（收账通知）

2007 年 8 月 12 日

<table>
<tr><td rowspan="3">付款人</td><td>全称</td><td>山东海洋有限责任公司</td><td rowspan="3">收款人</td><td>全称</td><td colspan="10">齐鲁小家电有限责任公司</td></tr>
<tr><td>账号</td><td>25669541369875233</td><td>账户</td><td colspan="10">16030058363803366</td></tr>
<tr><td>开户银行</td><td>建行历下支行</td><td>开户银行</td><td colspan="10">工行高新支行</td></tr>
<tr><td colspan="3" rowspan="2">人民币（大写）：壹佰万元整</td><td>亿</td><td>千</td><td>百</td><td>十</td><td>万</td><td>千</td><td>百</td><td>十</td><td>元</td><td>角</td><td>分</td></tr>
<tr><td></td><td>￥</td><td>1</td><td>0</td><td>0</td><td>0</td><td>0</td><td>0</td><td>0</td><td>0</td><td>0</td></tr>
<tr><td>票据种类</td><td colspan="2">转账支票</td><td colspan="11" rowspan="3">收款人开户银行盖章
中国工商银行高新支行 2010年2月12日 转讫</td></tr>
<tr><td>票据张数</td><td colspan="2">1</td></tr>
<tr><td colspan="3">单位主管　　会计
复核　　记账</td></tr>
</table>

中国工商银行银行进账单（收账通知）

2007 年 8 月 12 日

<table>
<tr><td rowspan="3">付款人</td><td>全称</td><td colspan="2">李长青</td><td rowspan="3">收款人</td><td>全称</td><td colspan="11">齐鲁小家电有限责任公司</td></tr>
<tr><td>账号</td><td colspan="2">6526656655655665521</td><td>账户</td><td colspan="11">16030058363803366</td></tr>
<tr><td>开户银行</td><td colspan="2">招行槐荫支行</td><td>开户银行</td><td colspan="11">工行高新支行</td></tr>
<tr><td colspan="5" rowspan="2">人民币（大写）：玖拾万元整</td><td>亿</td><td>千</td><td>百</td><td>十</td><td>万</td><td>千</td><td>百</td><td>十</td><td>元</td><td>角</td><td>分</td></tr>
<tr><td></td><td></td><td>¥</td><td>9</td><td>0</td><td>0</td><td>0</td><td>0</td><td>0</td><td>0</td><td>0</td></tr>
<tr><td colspan="2">票据种类</td><td colspan="3">转账支票</td><td colspan="11" rowspan="3">收款人开户银行盖章</td></tr>
<tr><td colspan="2">票据张数</td><td colspan="3">1</td></tr>
<tr><td colspan="3">单位主管
复核</td><td colspan="2">会计
记账</td></tr>
</table>

山东振鲁会计师事务所文件

济南[2007]字第 018 号

★

资产评估报告

齐鲁小家电有限责任公司：

我所受贵单位的委托，依据《中华人民共和国国有资产评估办法》、《中华人民共和国注册会计师法》和《工业企业会计制度》等规定，对贵公司接受山东英才有限责任公司投所入的机器设备一台进行评估。原始价值 2 000 000元，已提折旧 400 000元，固定资产按照净值评估确定价值为1 500 000元。

评估员：王俊　　　　　　　　　　　山东振鲁会计师事务所（公章）

中国注册会计师：张帆　　　　　　　　　　2007 年 8 月 10 日

固定资产转移单

2007 年 8 月 6 日　　　　调拨单号:0001

投资单位:山东英才有限责任公司

接收单位:齐鲁小家电有限责任公司

调拨原因或依据:投资　　　　调拨方式:投资

名称	型号	单位	数量	预计使用年限	已用年限	原值（万元）	折旧（万元）	评估净值（万元）
生产线		台	1	10	2	200	40	150

捐赠单位:	接受单位:
公章：略	公章：略
财务：陈宇	财务：张力
经办：李辉	经办：[illegible]国彬

会计主管：赵一　　　　稽核：赵一　　　　制单：张立

固定资产验收单

单位:万元

名称	电饭煲生产线	出厂编号	
型号（规格）		原值	200
生产厂家		购入日期	2006 年 6 月 30 日
主要技术参数：略			
随机附件及数量：略			
随机资料：略			
设备安装调试情况：安装调试完成			
设备验收结论：工作正常，可正式投入使用			
参加验收人员：			
备注：			
保管部门签名：		日期：	
保管部门签名：		日期：	

注：一式三份，资产管理部门一份，使用部门一份，投资方一份。

山东振鲁会计师事务所文件

济南[2007]字第 019 号

资产评估报告

齐鲁小家电有限责任公司：

我所受贵单位的委托，依据《中华人民共和国国有资产评估办法》、《中华人民共和注册会计师法》和《工业企业会计制度》等规定，对贵公司接受山东海洋有限责任公司投入的小轿车和重型卡车进行评估。小轿车原值20万元，已使用2年，评估价值10万元；重型卡车原值50年，已使用1年，评估价值为40万元。

评估员：王俊　　　　　　　　　　　　山东振鲁会计师事务所（公章）

中国注册会计师：张帆　　　　　　　　　　2007年8月10日

固定资产验收单

名称	小轿车	出厂编号	
型号（规格）		原值	20万元
生产厂家		购入日期	2007年1月1日
主要技术参数：略			
随机附件及数量：略			
随机资料：略			
设备安装调试情况：安装调试完成			
设备验收结论：工作正常，可正式投入使用			
参加验收人员：			
备注：			
保管部门签名：		日期：	

注：一式三份，资产管理部门一份，使用部门一份，投资方一份。

固定资产验收单

名称	重型卡车	出厂编号	
型号（规格）		原值	50万元
生产厂家		购入日期	2005年12月31日
主要技术参数：略			
随机附件及数量：略			
随机资料：略			
设备安装调试情况：安装调试完成			
设备验收结论：工作正常，可正式投入使用			
参加验收人员：			
备注：			
保管部门签名：		日期：	

注：一式三份，资产管理部门一份，使用部门一份，投资方一份。

山东省济南市转让无形资产专用发票

开票日期：2007年8月10日　　　　发票号码：37018745

付款户名	齐鲁小家电责任有限公司					付款方式				转账支票				
合同登记号	合同类别	项目名称	单位	数量	单价	金额								
						百	十	万	千	百	十	元	角	分
科技字3808	专利权转让合同	高温加固专利	项	1	600 000.00	￥	6	0	0	0	0	0	0	0
合计	人民币（大写）：陆拾万元整					￥600 000.00								
备注	专利法律保护时间还有15年。													

开票人：上官方　　　　收款人：徐丽　　　　收购单位盖章：

任务十一 利润及利润分配实训

一、能力目标

1. 能识记利润及利润分配实务会计处理的有关规定；

2. 能熟悉资本、资金核算岗位职责，能运用所学知识根据原始凭证分析经济业务，熟练进行各种组织形式下利润分配的会计处理；

3. 能运用会计基本理论知识解释利润信息生成过程；

4. 能解决利润形成及利润分配会计处理过程中的常见问题；

5. 能初步具有相应的会计职业判断意识；

6. 能严格按照《企业会计准则》等政策法规要求规范操作。

二、任务描述

1. 根据经济业务资料计算应纳税所得额和应交所得税；

2. 根据经济业务填制有关原始凭证；

3. 根据实训资料中的原始凭证，填制记账凭证，并将原始单据附于后面。

三、实训资料

1. 实训形式：本实训为单人独立实训；

2. 实训用品：原始凭证、记账凭证、现金日记账、银行存款日记账、总账、实收资本、资本公积、盈余公积等账户的明细账；

3. 实训资料：

齐鲁小家电有限责任公司本年利润结转方法采用的是表结法，在年末将本年损益类账户的累计发生额结转“本年利润”账户。2010 年适用的企业所得税税率为 25%，公司每月按会计利润计算应交所得税，并确定所得税费用，年底根据所得税汇算清缴再进行调整。公司预计会持续赢利，以后年度能够获得足够的应纳税所得额。公司 2010 年年初递延所得税资产及负债的金额均为 0。公司 2010 年全年累计发生的损益情况如下表所示：

2010 年全年累计发生的损益情况表

单位:元

账户名称	全年累计实现金额（贷）	账户名称	全年累计发生金额（借）
主营业务收入	8 000 000.00	主营业务成本	5 000 000.00
其他业务收入	700 000.00	其他业务成本	400 000.00
公允价值变动损益	150 000.00	营业税金及附加	80 000.00
投资收益	600 000.00	销售费用	500 000.00
营业外收入	60 000.00	管理费用	770 000.00
		财务费用	200 000.00
		资产减值损失	100 000.00
		营业外支出	200 000.00
		所得税费用	565 000.00
合计	9 510 000.00	合计	7 815 000.00

其他说明：

1. 投资收益中包含国库券利息收入 5 万元；
2. 营业外支出中包含违规经营行政罚款 1 万元；
3. 公允价值变动损益为本期交易性金融资产公允价值变动；
4. 资产减值损失为 2010 年存货发生的减值；
5. 该公司规定按税后利润的 10％提取法定盈余公积，5％提取任意盈余公积；
6. 年初未分配利润为借方余额 20 万元。

该公司 2010 年和 2011 年发生如下业务，填制下列表格，并编制记账凭证，登记有关账簿。

1. 2010 年 12 月 31 日，计算应纳所得额和应缴所得税，编制调整所得税费用的会计分录。

所得税费用调整表

<table>
<tr><th colspan="2">项目</th><th>金额（元）</th></tr>
<tr><td colspan="2">1～12 月利润总额</td><td></td></tr>
<tr><td colspan="2">1～12 月预提所得税</td><td></td></tr>
<tr><td rowspan="8">纳税调整项目</td><td>调增项目</td><td></td></tr>
<tr><td></td><td></td></tr>
<tr><td></td><td></td></tr>
<tr><td></td><td></td></tr>
<tr><td>调减项目</td><td></td></tr>
<tr><td></td><td></td></tr>
<tr><td></td><td></td></tr>
<tr><td></td><td></td></tr>
<tr><td colspan="2">全年应纳税所得额</td><td></td></tr>
<tr><td colspan="2">全年应交所得税</td><td></td></tr>
<tr><td colspan="2">应补提或冲回的所得税</td><td></td></tr>
</table>

会计：　　　　　　　　　　复核：　　　　　　　　　　制表：

2. 2010 年 12 月 31 日，结转损益类账户本年累计发生额至“本年利润”账户。

损益类账户发生额计算表

单位：元

科目	借方发生额	贷方发生额
主营业务收入		
其他业务收入		
公允价值变动损益		
投资收益		
营业外收入		
主营业务成本		
其他业务成本		
营业税金及附加		
销售费用		
管理费用		
财务费用		
资产减值损失		
营业外支出		
所得税费用		

会计：　　　　　　　　　　复核：　　　　　　　　　　制表：

3. 2010 年 12 月 31 日，结转本年利润。

4. 2010 年 12 月 31 日，根据公司章程规定提取法定盈余公积和任意盈余公积。

盈余公积计算表

年　月　日

项目	金额（元）
2010 年净利润	
弥补以前年度亏损	
提取法定盈余公积	
提取任意盈余公积	

会计：　　　　　　　　复核：　　　　　　　　制表：

5. 2010 年 12 月 31 日，结转利润分配。

利润分配结转表

年　月　日

项目	金额（元）
利润分配　提取法定盈余公积	
利润分配　提取任意盈余公积	

会计：　　　　　　　　复核：　　　　　　　　制表：

6. 2011 年 3 月 2 日，根据股东会议分配 2010 年利润。

齐鲁小家电有限责任公司 2010 年度股东会决议

一、会议召开和出席情况

二、提案审议情况

……

4. 审议通过了《2010 年度利润分配方案》

2010 年共实现利润____万元，弥补以前年度亏损______万元，根据公司章程，按弥补亏损后的净利润计提法定盈余公积金，5%计提任意盈余公积，按弥补亏损后净利润的 60%分配利润。

股东（授权代表）签章（略）

2011 年 3 月 2 日

任务十二 财务会计综合实训

一、能力目标

1. 以职业岗位能力为导向，具有良好的会计职业道德以及初步具有会计职业判断意识及能力；

2. 能识记企业日常会计实务中涉及的会计基础理论知识；

3. 能熟悉企业会计核算岗位职责，能运用所学知识根据原始凭证分析经济业务，熟练进行一般企业日常经济业务的会计处理；

4. 能运用会计基本理论知识解释资产负债表和利润表项目的信息生成过程；

5. 能运用知识分析、解决企业日常会计处理过程中的常见问题；

6. 能严格按照《企业会计准则》等政策法规要求规范操作；

7. 以初级会计专业技术资格证书为标志，为职业生涯的可持续发展做准备。

二、任务描述

1. 建账。根据实训资料所提供的相关内容，设置相关的会计科目，并在此基础上开设总分类账户、明细分类账户和现金日记账、银行存款日记账，并按规定设置专栏。并将期初余额记入所设置的相关账户的余额栏内，摘要栏填写“期初余额”。

2. 审核或填制原始凭证。根据提供的资料逐笔审核原始凭证或原始凭证汇总表，需填制的原始凭证或原始凭证汇总表根据资料进行填制。

3. 编制记账凭证。根据审核无误的原始凭证或原始凭证汇总表，编制记账凭证。

4. 登记日记账、明细账。根据有关记账凭证及所附原始凭证逐日逐笔按规定序时登记现金日记账、银行存款日记账，逐日结算出现金余额、银行存款余额，以示日清月结。根据有关记账凭证及所附原始凭证或原始凭证汇总表，顺序登记有关明细账。

5. 编制科目汇总表。汇总每一个会计科目的借方发生额和贷方发生额，编制科目汇总表。

6. 登记总账。根据编制的科目汇总表，登记相关的总分类账。

7. 对账。根据已经登记总账的期初余额、本期发生额及期末余额编制总账余额试算平衡表，并在此基础上将总账与其所属明细账进行核对。

8. 结账。按规定结出有关账户的发生额与余额，并做出结账标记。

9. 编制会计报表。编制 12 月份的资产负债表、12 月份的利润表。

10. 整理归档。对所编制的会计凭证、会计报表进行加具封面，装订成册等归档整理工作。

三、实训资料

(一)模拟企业概况

企业名称：山东顺达物资有限责任公司

地址:山东省济南市建设路188号

联系电话:0531－88668866

法定代表人:李勇

注册资金:人民币壹仟零贰拾捌万元整(其中国家股股本占55%,法人股占25%,社会股占20%)

出纳:陈芳

会计:郑伟

财务经理:周浩

企业类型:工业企业

经营范围:大型设备配件

纳税人登记号:370308830022288

企业代码:5233656868

开户银行:中国工商银行济南市建设支行

账号:9558832003210005198

(二)模拟企业生产工艺流程简介

山东顺达物资有限责任公司是一家专业制造某大型设备配套配件的生产企业。按订单当月投料,当月完工,当月销售,一般月末无在产品和库存产品。材料按实际成本核算。该企业是增值税一般纳税人,假设购进货物取得的均为增值税发票。由于产品较单一,故库存商品和主营业务成本按总账科目核算。

(三)模拟企业财务会计制度简介

1. 流动资产

(1)库存现金限额为25 000元。

(2)期末计提坏账准备,采用应收账款余额百分比法计提,计提比例为5‰,假设企业只对应收账款计提坏账准备。

2. 固定资产

提取折旧采用平均年限法,房屋建筑物折旧期限为50年,机械设备为10年,运输工具为5年,电子设备及其他为5年,假设所有固定资产均不计提残值。

3. 资产减值准备:资产负债表日提取各项资产减值准备

4. 税费

(1)增值税。该企业为一般纳税人,增值税税率为17%。

(2)城市维护建设税。以实际缴纳的增值税、营业税、消费税的税额为计征依据,税率为7%。

(3)教育费附加。以企业实际缴纳的增值税、营业税、消费税的税额为计征依据,税率为3%。

(4)企业所负担的房产税、车船使用税、城镇土地使用税、印花税、关税等根据国家税法规定计提缴纳。

(5)所得税。所得税率为25%。按照《税法规定》,不符合国务院财政、税务主管部门规定的各项资产减值准备不允许税前扣除。

6. 职工薪酬

企业所计提的职工养老保险金、职工工伤保险金、职工失业保险金、职工住院医疗保险金和职工住房公积金分别按企业核准的全员工资总额的20%、1%、2%、10%和10%计提。企业所计提的职工工会经费和职工教育经费分别按企业核准的全员工资总额的2%和2.5%计提。

7. 利润分配

(1)法定盈余公积提取比例为10%。

(2)应付给投资者的利润,按当年可供分配利润的80%计算。

8. 企业的核算形式

采用科目汇总表核算形式。每月15日和最后一日编制科目汇总表,并登记总账

(四)模拟企业会计资料

1. 期初账户余额

山东顺达物资有限责任公司2010年12月1日各账户余额明细汇总表,如下表所示:

山东顺达物资有限责任公司2010年12月1日各账户余额明细汇总表

单位:元

账户代码	账户名称	账户期初借方余额	账户期初贷方余额
1001	库存现金	26 377.06	
1002	银行存款	4 637 181.88	
100201	工商银行	4 637 181.88	
1012	其他货币资金	11 015 000.00	
101201	保证金账户	11 015 000.00	
10120101	工商银行	11 015 000.00	
1121	应收票据	12 030 000.00	
1122	应收账款	15 792 616.86	
112201	济南万方有限责任公司	10 759 499.16	
112202	济南全通有限责任公司	4 349 164.94	
112203	青岛宏远有限责任公司	229 077.11	
112204	淄博润发有限责任公司	454 875.65	
1123	预付账款	2 429 342.50	
112302	山东诚达有限责任公司	2 429 342.50	
1221	其他应收款	43 047.72	
122101	备用金	2 000.00	
1231	坏账准备	−1 222 707.10	
1402	在途物资	5 041 661.08	

续表

1403	原材料	74 386 026.48	
1471	存货跌价准备	−6 279 449.21	
1601	固定资产	12 507 180.69	
160101	生产用固定资产	12 507 180.69	
1602	累计折旧	−7 947 545.98	
1604	在建工程	16 696 848.28	
160401	起重设备	16 696 848.28	
2001	短期借款		20 000 000.00
200101	工商银行		20 000 000.00
2201	应付票据		24 245 100.00
2202	应付账款		5 752 572.19
220201	东方钢管制造有限公司		4 298 575.78
220202	凌云钢管制造有限公司		137 180.60
220203	红星轻合金有限公司		1 105 320.43
220204	通远特种铝业有限公司		211 495.38
2203	预收账款		90 120.99
220301	山东外海有限公司		90 120.99
2211	应付职工薪酬		3 709 428.99
2221	应交税费		266 894.62
222101	应交增值税		4 206.70
222102	应交所得税		149 441.45
222103	应交城建税		294.47
222104	应交教育费附加		210.33
222105	应交水利建设专项基金		12 741.67
2241	其他应付款		4 456 801.29
224101	工会经费		
224102	职工教育经费		12 351.30
224103	其他		4 444 449.99
2711	专项应付款		24 118 532.62
4001	实收资本		10 280 000.00
4002	资本公积		9 786 099.99
4101	盈余公积		6 020 703.78

续表

410101	法定盈余公积		3 948 521.33
410102	一般盈余公积		2 072 182.45
4103	本年利润		6 414 135.00
4104	利润分配		24 015 100.79
410401	未分配利润		24 015 100.79
合计		139 155 580.26	139 155 580.26

2. 公司2010年12月发生了下列经济业务，根据相关原始凭证编制会计分录，并据以登记记账凭证。

(1)12月9日，向山东长久不锈钢有限公司购入一批钢材，增值税专用发票上注明的价款为2 591 819.41元，增值税税额为440 609.29元，款项用支票支付。

原始凭证1

山东省增值税专用发票

发票联

开票日期：2010年12月9日

购货单位	名称	山东顺达物资有限责任公司			密码区	略		
	纳税人识别号	370308830022288						
	地址、电话	济南市建设路188号 0531-88668866						
	开户行及账号	工行建设支行 9558832003210005198						
货物或应税劳务名称		规格型号	单位	数量	单价	金额	税率	税额
钢材			吨	5	518 363.88	2 591 819.41	17%	440 609.29
价税合计（大写）		叁佰零叁万贰仟肆佰贰拾捌元柒角整				￥3 032 428.70		
销货单位	名称	山东长久不锈钢有限责任公司				备注		
	纳税人识别号	370505210000886						
	地址、电话	济南市解放路888号 0531-56893456						
	开户行及账号	工行解放支行 2501001122088011176						

收款人：　　　复核：　　　开票人：　　　销货单位：（章）

原始凭证2

中国工商银行 转账支票存根（鲁） CM/02 02569621 附加信息 ________ ________ ________ 出票日期：年　月　日 收款人：________ 金　额：________ 用　途：________ 单位主管：　　会计：	中国工商银行转账支票（鲁）　CM/02 02569621 签发日期（大写）　年　月　日　付款行名称： 收款人：________　出票人账号： 人民币（大写）　千 百 十 万 千 百 十 元 角 分 用途：________ 上列款项请从我账号内支付 出票人签章：　　复核　　记账：

(2)12 月 10 日，用银行存款支付增值税税额 4 206.7 元，支付城市维护建设税 294.47 元、教育费附加 210.33 元、印花税 4 854.35 元、个人所得税 149 441.45 元。

原始凭证 1

中华人民共和国税收通用完税证

填制日期：2010 年 12 月 10 日

注册类型：有限责任公司　　　　征收机关：济南市高新区国税局

纳税人代码	370308830022288			地址	济南市建设路 188 号 0531-88668866								
纳税人名称	山东顺达物资有限责任公司			税款所属时期	2010 年 11 月								
税种	课税数量	计税金额销售收入	税率或单位税额	已缴或扣除额	实缴税额								
					百	十	万	千	百	十	元	角	分
增值税							¥	4	2	0	6	7	0
合计							¥	4	2	0	6	7	0
金额合计	人民币（大写）肆仟贰佰零陆元柒角整												
缴款单位（人）盖章	税务机关（盖章）			备注									
经办人（章）	填票人（章）												

原始凭证 2

中华人民共和国税收通用完税证

填制日期：2010 年 12 月 10 日

注册类型：有限责任公司　　　　征收机关：济南市高新区国税局

纳税人代码	370308830022288	地址	济南市建设路 188 号 0531-88668866
纳税人名称	山东顺达物资有限责任公司	税款所属时期	2010 年 11 月

税种	课税数量	计税金额 销售收入	税率或 单位税额	已缴或 扣除额	实缴税额 百	十	万	千	百	十	元	角	分
城建税								¥	2	9	4	4	7
教育费附加								¥	2	1	0	3	3
印花税							¥	4	8	[illegible]	4	3	5
个人所得税						¥	1	4	9	4	4	1	4	5
合计					¥	1	3	4	8	0	0	6	0
金额合计	人民币（大写）壹拾叁万肆仟捌佰零陆角整												
缴款单位（人）盖章 经办人（章）		税务机关（盖章） 填票人（章）		备注									

(3)12 月 15 日，用银行存款支付员工工资 357 360.02 元。

原始凭证 1

中国工商银行 转账支票存根（鲁） CM/02 02569622 附加信息 ________ ________ ________ 出票日期：年　月　日 收款人：________ 金　额：________ 用　途：________ 单位主管：　　会计：	中国工商银行转账支票（鲁）　CM/02 02569622 签发日期（大写）　年　月　日　付款行名称： 收款人：________　出票人账号： 人民币（大写）　千 百 十 万 千 百 十 元 角 分 用途：________ 上列款项请从我账号内支付 出票人签章：　复核：　记账：

(4)12 月 17 日，发生轿车修理费 1 433.00 元，用现金支付。

原始凭证 1

山东省增值税专用发票

发票联

开票日期：2010 年 12 月 17 日

购货单位	名称	山东顺达物资有限责任公司				密码区	略		
	纳税人识别号	370308830022288							
	地址、电话	济南市建设路 188 号 0531-88668866							
	开户行及账号	工行建设支行 9558832003210005198							
货物或应税劳务名称		规格型号	单位	数量	单价		金额	税率	税额
维修费							1 224.79	17%	208.21
价税合计（大写）		壹仟肆佰叁拾叁元整					¥1433.00		
销货单位	名称	济南宏大汽修发展公司				备注	济南宏大汽修发展公司 370555210440336 发票专用章		
	纳税人识别号	370555210440336							
	地址、电话	济南市光明路 69 号 0531-85691238							
	开户行及账号	建行光明支行 3601221145286361589							

收款人：　　复核：　　开票人：　　销货单位：（章）

(5)12 月 20 日，招待客户用餐，共报销用餐费现金2 204.50元。

原始凭证 1

山东省饮食娱乐业专用发票

发票联

客户名称：山东顺达物资有限责任公司　　开票日期：2010 年 12 月 20 日

项目	单位	数量	单价	金额（元）						
				万	千	百	十	元	角	分
餐费					2	2	0	4	5	0
合计金额	贰仟贰佰零肆元伍角整			¥	2	2	0	4	5	0
开票单位：（盖章有效）										

(6)12 月 20 日，业务员报销差旅费 1960 元。

差旅费报销单

2010 年 12 月 20 日

月	日	时间	出发地	月	日	时间	到达地	机票费	车船费	住宿费		出差补助		其他	合计
										标准	实支	天数	金额		
12	12		济南	12	12		上海	580.00							580.00
12	15		上海	12	15		济南	580.00			600.00		200.00		1 380.00

出差任务	采购业务	报销金额（人民币）壹仟玖佰陆拾元整			预借金额	0.00
		单位领导：	部门负责人	出差人：	报销金额	1960.00
					结余金额	0.00

现金付讫

(7)12 月 20 日，向青岛红星轻合金有限公司购入一批铝材，增值税专用发票上注明的价款为4 921 123.17元，增值税税额为836 590.94元，款项尚未支付。

原始凭证 1

山东省增值税专用发票

发票联

开票日期：2010 年 12 月 20 日

购货单位	名称	山东顺达物资有限责任公司				密码区	略
	纳税人识别号	370308830022288					
	地址、电话	济南市建设路 188 号 0531-88668866					
	开户行及账号	工行建设支行 9558832003210005198					
货物或应税劳务名称	规格型号	单位	数量	单价	金额	税率	税额
铝材		吨	5	984 224.63	4 921 123.17	17%	836 590.94
价税合计（大写）	伍佰柒拾伍万柒仟柒佰壹拾肆元壹角壹分					￥5 757 714.11	
销货单位	名称	青岛红星轻合金有限责任公司				备注	青岛红星轻合金有限责任公司 372046370000558 发票专用章
	纳税人识别号	372046370000558					
	地址、电话	青岛市兴华路 59 号 0532-68472988					
	开户行及账号	建行兴华支行 6778432005422637521					

收款人：(章)　　复核：　　开票人：　　销货单位：

(8)12 月 21 日，向青岛红星轻合金有限公司又购入一批铝材，发票金额共180 369.00元，货款已通过银行支付。

原始凭证 1

山东省增值税专用发票

发票联

开票日期：2010 年 12 月 21 日

<table>
<tr><td rowspan="4">购货单位</td><td>名称</td><td colspan="3">山东顺达物资有限责任公司</td><td rowspan="4">密码区</td><td colspan="3" rowspan="4">略</td></tr>
<tr><td>纳税人识别号</td><td colspan="3">370308830022288</td></tr>
<tr><td>地址、电话</td><td colspan="3">济南市建设路 188 号 0531-88668866</td></tr>
<tr><td>开户行及账号</td><td colspan="3">工行建设支行 9558832003210005198</td></tr>
<tr><td colspan="2">货物或应税劳务名称</td><td>规格型号</td><td>单位</td><td>数量</td><td>单价</td><td>金额</td><td>税率</td><td>税额</td></tr>
<tr><td colspan="2">铝材</td><td></td><td>吨</td><td>0.1566</td><td>984 224.63</td><td>154 161.54</td><td>17%</td><td>26 207.46</td></tr>
<tr><td colspan="2"></td><td></td><td></td><td></td><td></td><td></td><td></td><td></td></tr>
<tr><td colspan="2"></td><td></td><td></td><td></td><td></td><td></td><td></td><td></td></tr>
<tr><td colspan="2">价税合计（大写）</td><td colspan="7">壹拾捌万零叁佰陆拾玖元整 ¥180 369.00</td></tr>
<tr><td rowspan="4">销货单位</td><td>名称</td><td colspan="4">青岛红星轻合金有限责任公司</td><td colspan="3" rowspan="4">备注</td></tr>
<tr><td>纳税人识别号</td><td colspan="4">372046370000558</td></tr>
<tr><td>地址、电话</td><td colspan="4">青岛市兴华路 59 号 0532-68472988</td></tr>
<tr><td>开户行及账号</td><td colspan="4">建行兴华支行 67784320054226237521</td></tr>
</table>

收款人：（章） 复核： 开票人： 销货单位：

原始凭证 2

<table>
<tr><td>中国工商银行
转账支票存根（鲁）
CM/02 02569623
附加信息 ________
____
____
出票日期： 年 月 日
收款人： ________
金 额： ________
用 途： ________
单位主管： 会计：</td><td>中国工商银行转账支票（鲁） CM/02 02569623
签发日期（大写） 年 月 日 付款行名称：
收款人：________ 出票人账号：
人民币（大写） | 千 | 百 | 十 | 万 | 千 | 百 | 十 | 元 | 角 | 分 |
用途：________
上列款项请从我账号内支付
出票人签章： 复核： 记账：</td></tr>
</table>

(9)12 月 21 日，将 12 月 9 日、20 日、21 日购入的钢材与铝材分别检验入库。

原始凭证 1

收　料　单

供货单位：山东长久不锈钢有限责任公司　　　　凭证编号：001

发票编号：　　　　2010 年 12 月 21 日　　　　收料仓库：一号仓

类别	编号	名称	规格	单位	数量		实际成本			
					应收	实收	单价	金额	运费	合计
钢材	gc	轧钢		吨	5	5	518 363.88	2 591 819.41	0.00	2 591 819.41
备注：										

主管：　　记账：　　会计：　　仓库保管：　　经办人：

原始凭证 2

收　料　单

供货单位：青岛红星轻合金有限责任公司　　　　凭证编号：008/009

发票编号：　　　　2010 年 12 月 21 日　　　　收料仓库：二号仓

类别	编号	名称	规格	单位	数量		实际成本			
					应收	实收	单价	金额	运费	合计
铝材	Lc			吨	5.1566	5.1566	984 224.63	5 075 284.71	0.00	5 075 284.71
备注：										

主管：　　记账：　　会计：　　仓库保管：　　经办人：

(10)12 月 21 日，用一张面额为5 000 000元的银行承兑汇票支付前欠齐鲁小家电有限责任公司的铝材货款。

原始凭证

银行承兑汇票

出票日期(大写)：贰零壹零年壹拾贰月壹拾玖日

<table>
<tr><td>出票人全称</td><td>山东顺达物资有限责任公司</td><td rowspan="3">收款人</td><td>全称</td><td colspan="10">齐鲁小家电有限责任公司</td></tr>
<tr><td>出票人账号</td><td>9558832003210005198</td><td>账号</td><td colspan="10">1603005836380366</td></tr>
<tr><td>付款行全称</td><td>工行建设支行</td><td>开户行</td><td colspan="10">工行高新支行</td></tr>
<tr><td rowspan="2">出票金额</td><td rowspan="2" colspan="3">人民币（大写）伍佰万元整</td><td>千</td><td>百</td><td>十</td><td>万</td><td>千</td><td>百</td><td>十</td><td>元</td><td>角</td><td>分</td></tr>
<tr><td>￥</td><td>5</td><td>0</td><td>0</td><td>0</td><td>0</td><td>0</td><td>0</td><td>0</td><td>0</td></tr>
<tr><td>汇票到期日</td><td>贰零壹零年壹月壹拾日</td><td rowspan="2">付款行</td><td>行号</td><td colspan="10"></td></tr>
<tr><td>承兑协议编号</td><td></td><td>地址</td><td colspan="10">济南市建设路</td></tr>
<tr><td colspan="2">本汇票请你行承兑，到期请予以无条件支付
出票人签章</td><td colspan="2">本汇票已经承兑，到期日由本行付款
承兑行签章
承兑日期　　年　月　日</td><td colspan="10">复核：　　　记账：</td></tr>
</table>

(11)12月21日，销售给青岛宏远有限公司铝材一批，增值税专用发票上注明的价款为2 295 558.04元，增值税税额为390 244.87元，该批材料的采购成本为2 180 780.14元，款项尚未收到。

原始凭证1

山东省增值税专用发票

发票联

开票日期：2010年12月19日

<table>
<tr><td rowspan="4">购货单位</td><td>名称</td><td colspan="4">青岛宏远有限责任公司</td><td rowspan="4">密码区</td><td rowspan="4" colspan="3">略</td></tr>
<tr><td>纳税人识别号</td><td colspan="4">370202289478347990088</td></tr>
<tr><td>地址、电话</td><td colspan="4">青岛市滨海路88号，68946789</td></tr>
<tr><td>开户行及账号</td><td colspan="4">工行滨海支行 95509345682405566</td></tr>
<tr><td colspan="2">货物或应税劳务名称</td><td>规格型号</td><td>单位</td><td>数量</td><td colspan="2">单价</td><td>金额</td><td>税率</td><td>税额</td></tr>
<tr><td colspan="2"></td><td></td><td></td><td></td><td colspan="2"></td><td></td><td></td><td></td></tr>
<tr><td colspan="2"></td><td></td><td></td><td></td><td colspan="2"></td><td></td><td></td><td></td></tr>
<tr><td colspan="2"></td><td></td><td></td><td></td><td colspan="2"></td><td></td><td></td><td></td></tr>
<tr><td colspan="2">价税合计（大写）</td><td colspan="8"></td></tr>
<tr><td rowspan="4">销货单位</td><td>名称</td><td colspan="5">山东顺达物资有限责任公司</td><td rowspan="4" colspan="3">备注</td></tr>
<tr><td>纳税人识别号</td><td colspan="5">370308830022288</td></tr>
<tr><td>地址、电话</td><td colspan="5">济南市建设路188号 0531-88668866</td></tr>
<tr><td>开户行及账号</td><td colspan="5">工行建设支行 9558832003210005198</td></tr>
</table>

收款人：(章)　　　复核：　　　开票人：　　　销货单位：

原始凭证 2

领　料　单

领料部门：　　　　　　　　　　　　　　　　　　　　凭证编号：012

用途：销售　　　　　　2010 年 12 月 21 日　　　　　　发料仓库：二号仓库

材料类别	材料名称及规格	材料编号	计量单位	计量		单价	金额
				请领	实发		
铝材			吨	2.2157	2.2157	984 224.63	2 180 780.14
合计							¥2 180 780.14

记账：　　　　　　　　发料：　　　　　　　　负责人：　　　　　　　　领料：

(12)12 月 21 日，用银行存款支付当月银行借款利息109 445.50元。

原始凭证 1

中国工商银行特种转账借方传票

2010 年 12 月 21 日

付款人	全称	山东顺达物资有限公司	收款人	全称	中国工商银行建设支行
	账号	9558832003210005198		账号	
	开户银行	工行建设支行		开户银行	

金额	人民币（大写）壹拾万零玖仟肆佰肆拾伍元伍角整	千	百	十	万	千	百	十	元	角	分
			¥	1	0	9	[illegible]	4	5	5	0

原始凭证金额		赔偿金		
原始凭证名称		号码		科目（借） 对方科目（贷）
转账原因	支付本月借款利息 收款人开户行盖章			会计　复核　记账　制票

中国工商银行东海支行　2010.12.21　转讫

(13)12 月 22 日，收到山东外海有限责任公司银行承兑汇票1 540 000元，用于支付前欠款项；同一天，收到该单位银行汇款70 000元。

银行承兑汇票

出票日期(大写)：贰零零零年壹拾贰月壹拾玖日

出票人全称	山东外海有限责任公司	收款人	全称	山东顺达物资有限责任公司
出票人账号	6532193456824O5566		账号	9558832003210005198
付款行全称	工行滨海支行		开户行	工行建设支行

出票金额	人民币（大写）壹佰伍拾肆万元整	千	百	十	万	千	百	十	元	角	分
		￥	1	5	4	0	0	0	0	0	0

汇票到期日	贰零壹壹年壹月壹拾日	付款行	行号	
承兑协议编号			地址	青岛市滨海路

本汇票请你行承兑，到期请予以无条件支付 出票人签章	本汇票已经承兑，到期日由本行付款 承兑行签章 承兑日期　　年　月　日	复核：　记账：

(14)12月23日，收到青岛宏远有限责任公司预付的材料款项12 000 000元，其中5 000 000元为银行承兑汇票，其余为支票。

原始凭证1

中国工商银行银行进账单(收账通知)

2010年12月23日

付款人	全称	青岛宏远有限责任公司	收款人	全称	山东顺达物资有限责任公司
	账号	955093456824O5566		账户	9558832003210005198
	开户银行	工行滨海支行		开户银行	工行建设支行

人民币（大写）：柒佰万元整	亿	千	百	十	万	千	百	十	元	角	分
		￥	7	0	0	0	0	0	0	0	0

票据种类		收款人开户银行盖章
票据张数		
单位主管　会计 复核　记账		

原始凭证 2

银行承兑汇票

出票日期：贰零壹零年壹拾贰月壹拾贰日

出票人全称	青岛宏远有限责任公司	收款人	全称	山东顺达物资有限责任公司
出票人账号	95509345682405566		账号	9558832003210005198
付款行全称	工行滨海支行		开户行	工行建设支行
出票金额	人民币（大写）伍佰万元整		千 百 十 万 千 百 十 元 角 分	¥ 5 0 0 0 0 0 0 0 0
汇票到期日	贰零壹壹年壹月壹拾壹日	付款行	行号	
承兑协议编号			地址	青岛市滨海路
本汇票请你行承兑，到期请予以无条件支付 出票人签章		本汇票已经承兑，到期日由本行付款。 承兑行签章 承兑日期 年 月 日		复核： 记账：

(15)12 月 25 日，销售给山东外海有限公司产品一批，增值税专用发票上注明的价款为7 823 354.46元，增值税税额为1 329 970.30元，货款已预收。

山东省增值税专用发票

发票联

开票日期：2010 年 12 月 25 日

购货单位	名称	山东外海有限责任公司			密码区	略		
	纳税人识别号	370154988920528						
	地址、电话	济南市外海路 2 号 28379266						
	开户行及账号	工行外海分行 732001260123789						
货物或应税劳务名称	规格型号	单位	数量	单价	金额	税率	税额	
铝材		批			7 823 354.46	17%	1 329 970.30	
价税合计（大写）	玖佰壹拾伍万叁仟叁佰贰拾肆元柒角陆分				¥9 153 324.76			
销货单位	名称	山东顺达物资有限责任公司			备注			
	纳税人识别号	370308830022288						
	地址、电话	济南市建设路 188 号 0531-88668866						
	开户行及账号	工行建设支行 9558832003210005198						

收款人：（章） 复核： 开票人： 销货单位：

(16)12 月 25 日，通过年终评比，用现金发放各种生产奖励费17 600元。

奖金分配表

2010 年 12 月 25 日

单位：元

车间、部门	岗位	奖励金额
车间	生产工人	7 600.00
	车间管理人员	4 000.00
行政管理部门	管理人员	6 000.00
合计		17 600.00

财务主管：　　　　审核：　　　　制表：

(17)12 月 25 日，为员工代扣代缴各种社会统筹金和个人所得税142 619.82元。

社会统筹金和个人所得税清单

2010 年 12 月 25 日

单位：元

项目	金额
社会统筹金	126 555.33
个人所得税	16 064.49
合计	142 619.82

财务主管：　　　　审核：　　　　制表：

(18)12 月 25 日，收到房东转来的水电气发票一张，发票金额33 222.72元，其中车间用21 481.91元，费用未支付。

山东省增值税专用发票

发票联

开票日期：2010 年 12 月 25 日

购货单位	名称	山东顺达物资有限责任公司	密码区	略
	纳税人识别号	370308830022288		
	地址、电话	济南市建设路 188 号 0531-88668866		
	开户行及账号	工行建设支行 9558832003210005198		

货物或应税劳务名称	规格型号	单位	数量	单价	金额	税率	税额
电		度	31 550.54	0.9	28 395.49	17%	4 827.23
价税合计（大写）	叁万叁仟贰佰贰拾贰元柒角贰分				¥33 222.72		

销货单位	名称	济南天然气有限责任公司	备注
	纳税人识别号	370195143090716	济南天然气有限责任公司 370195143090716 发票专用章
	地址、电话	济南市文化路 206 号 0531-23564897	
	开户行及账号	农行文化路支行 269875654233654448	

收款人：(章)　　　　复核：　　　　开票人：　　　　销货单位：

水电费分配表

2010 年 12 月

单位:元

科目	项目	分配金额
制造费用	车间耗用	18 360.61
管理费用	行政管理部门耗用	10 034.88
增值税		4 827.23
合计		33 222.72

财务主管:　　　　　　　　　　　审核:　　　　　　　　　　　制表:

(19)12 月 25 日,按当月工资总额基数计提的各种社会统筹金142 907.33元,其中生产工人55 630.23元,车间管理人员6 404.16元,其余为行政管理人员,当月银行未扣。

社会统筹金分配表

2010 年 12 月 25 日

单位:元

项目	项目	金额
生产成本	生产工人社会统筹金	55 630.23
制造费用	车间管理人员社会统筹金	6 404.16
管理费用	行政管理部门人员社会统筹金	80 872.94
合计		142 907.33

财务主管:　　　　　　　　　　　审核:　　　　　　　　　　　制表:

(20)12 月 30 日,按照预购合同(公司前已预付2 429 342.50元)向山东诚达有限责任公司购入起重设备 3 台,发票金额1 131 499.24元(其中增值税税额为164 405.80元),调试完毕。

山东省增值税专用发票

发票联

开票日期:2010 年 12 月 30 日

购货单位	名称	山东顺达物资有限责任公司	密码区	略
	纳税人识别号	370308830022288		
	地址、电话	济南市建设路188号 0531-88668866		
	开户行及账号	工行建设支行 9558832003210005198		

货物或应税劳务名称	规格型号	单位	数量	单价	金额	税率	税额
起重设备		台	3	322 364..46	967 093.37	17%	164 405.87
价税合计(大写)	壹佰壹拾叁万壹仟肆佰玖拾玖元贰角叁分				¥1 131 499.23		

销货单位	名称	山东诚达有限责任公司	备注
	纳税人识别号	3703058899209789	山东诚达有限责任公司 财务专用章
	地址、电话	济南市启明路6号　0531-86928876	
	开户行及账号	工行启明路分理处　8934555387970878	

收款人:(章)　　　　　复核:　　　　　　开票人:　　　　　　销货单位:

固定资产验收单

名称	起重设备	出厂编号	100607
型号（规格）	ZJJ007	原值(元)	1 131 499.24
生产厂家		购入日期	2010 年 12 月 30 日
主要技术参数：略			
随机附件及数量：略			
随机资料：略			
设备安装调试情况：安装调试完成			
设备验收结论：工作正常，可正式投入使用			
参加验收人员：			
备注：			
保管部门签名： 保管部门签名：		日期： 日期：	

注：一式三份，资产管理部门一份，使用部门一份，投资方一份。

(21)12 月 30 日，按规定计提当月固定资产折旧共59 308.28元，其中车间用固定资产折旧费39 925.13元，其余均为管理用固定资产。

固定资产折旧分配表

2010 年 12 月

单位：元

科目	部门	月初计提折旧的固定资产原价	月折旧率	折旧额
制造费用	生产车间			39 925.13
管理费用	管理部门			19 383.15
其他业务支出				
				59 308.28

财务主管： 审核： 制表：

(22)12 月 30 日，分配当月职工薪酬费用共517 579.84元，其中生产工人187 307.18元，车间管理人员23 412.08元，其余均为行政管理人员薪酬。

应付职工薪酬费用分配表

2010 年 12 月

单位：元

应借账户		合计
生产成本	生产工人	187 307.18
制造费用	车间耗用	23 412.08
管理费用	管理部门	306 860.58
合计		517 579.84

财务主管： 审核： 制表：